"十四五"普通高等教育规划教材

高职教育在线开放课程新形态一体化教材

新形态 校企合作创新型教材

总主编 常 茹

管理会计
理论与实务

陈 文 ◎ 主编

立信会计出版社
LIXIN ACCOUNTING PUBLISHING HOUSE

"十四五"普通高等教育规划教材　　新形态 校企合作创新型教材
高职教育在线开放课程新形态一体化教材

总主编　常　茹

管理会计
理论与实务

陈　文◎主　编
张　颖　张珊珊　卢小亚◎副主编

立信会计出版社
LIXIN ACCOUNTING PUBLISHING HOUSE

图书在版编目(CIP)数据

管理会计理论与实务 / 陈文主编. —上海：立信会计出版社，2023.8
ISBN 978-7-5429-7368-9

Ⅰ.①管… Ⅱ.①陈… Ⅲ.①管理会计—高等职业教育—教材 Ⅳ.①F234.3

中国国家版本馆 CIP 数据核字(2023)第155498号

策划编辑	张巧玲
责任编辑	张巧玲
助理编辑	张忠秀
美术编辑	吴博闻

管理会计理论与实务
GUANLI KUAIJI LILUN YU SHIWU

出版发行	立信会计出版社			
地　　址	上海市中山西路2230号	邮政编码	200235	
电　　话	(021)64411389	传　真	(021)64411325	
网　　址	www.lixinaph.com	电子邮箱	lixinaph2019@126.com	
网上书店	http://lixin.jd.com		http://lxkjcbs.tmall.com	
经　　销	各地新华书店			
印　　刷	浙江天地海印刷有限公司			
开　　本	787毫米×1092毫米	1/16		
印　　张	14.25			
字　　数	312千字			
版　　次	2023年8月第1版			
印　　次	2023年8月第1次			
书　　号	ISBN 978-7-5429-7368-9/F			
定　　价	49.00元			

如有印订差错，请与本社联系调换

总　序

随着我国开启向第二个百年奋进的新征程，新一轮科技革命和产业变革深入发展，在经济转型升级和创新发展中新的商业模式层出不穷，深刻影响会计政策的发展与走向，会计工作在职能职责、组织方式、处理流程、工具手段等方面发生着重大而深刻的变化，挑战与机遇并存。

陕西财经职业技术学院于1960年设立财会专业，2000年开始招收财务会计专业专科生，是陕西省最早培养财经专业人才的院校之一。经过多年的建设，我院的大数据与会计专业取得了长足发展，已成为陕西省高等职业教育重点专业、大数据职业院校专业综合改革试点"优秀"专业、教育部《高等职业教育创新发展行动计划（2015—2018年）》确定的骨干建设专业、陕西省省级"一流专业"。目前，我院已形成了以大数据与会计专业为核心，大数据与财务管理、大数据与审计、会计信息化、财税大数据应用四个专业为辅助，对接现代会计服务业，面向会计核算、绩效管理、财务大数据分析、内部审计、涉税管理等岗位，全面覆盖会计服务实施过程中数据采集、核算、管理、监督全链条的陕西省双高专业群"大数据与会计专业群"。在"双高"专业群的建设过程中，我院参照《职业教育专业目录（2021年）》要求，立足服务区域经济发展，优化设计"大数据与会计专业群"发展路径，尤其对教师、教材、教法"三教"改革不断进行深层次探索，此次开发新型校企双元活页式系列教材，是深化校企双元育人模式的体现与延展，亦是多年来会计专业建设累积成果的一次集中展示，形成了以下几点鲜明特色。

第一，教材价值导向全面树立。本系列教材紧跟时代步伐，服务国家需求，落实立德树人根本任务，结合课程特点，推动习近平新时代中国特色社会主义思想融入教材体系，有机地将社会主义核心价值观等育人元素融入教材内容，力求打造"有特色、有深度、有温度"的会计类专业课程思政体系。

第二，教材编写团队多元聚力。本系列教材组织具有长期应用型人才培养经验的一线教师和企业专技人员高度参与，在借鉴传统教材的前提下，以会计类工作流程与客观需求为基础，结合学生能力状况和特征，关注技术的可行性与变化性，设计出有针对性的新型活页式教材，形成校企融合、共同开发"组合、融合、聚合"的发展新格局。

第三，教材融通职业发展需求。本系列教材内容突出会计类教材服务经济发展、服务学生职业发展和职业能力素养的特色。本系列教材在内容上将岗位知识和技能要求有效衔接起来，把1+X等级证书的专业知识与技能目标转化为相对应的专业学习领域的知识与技能目标，对接行业技能竞赛，尤其是教育部、省教育厅等组织的技能竞赛，将比赛大纲及时融入教材内容，综合提升学生的职业能力和素养，力求实现"岗课融通、证课融通、赛课融通"。

第四，教材配套资源优质丰富。本系列教材的多门配套课程已入选陕西省职业教育在线精品课程，编者将课程资源与教材编写紧密结合，开发了涵盖课程标准、电子课件、操作演示、虚拟互动、典型案例、票证账表、法规政策等丰富的教学资源，并将知识点二维码嵌入活页中，对重难点知识进行精炼总结与强化，有效服务于线上教学、混合式教学等新型教学模式，真正实现资源"优质、多样、多能"。

筚路蓝缕启山林，栉风沐雨砥砺行。建院六十年来，陕财人不懈坚守与传承、实干与创新，在会计行走于技术革命浪潮的风口，在职业教育寻求高质量发展的历史新起点，捧出倾力撰写的本系列教材，既是为我院会计专业教学改革进行的又一场深刻探索，亦是为中国会计职业教育发展承担的一份不让之责。此次系列教材的出版，得到了多家企业的大力支持，在此表示诚挚的谢意。各位同仁，让我们一起在会计转型的道路上勇往直前，推动职业教育创新实践，成为时代的见证者和奋斗者！

常 茹

2023年8月

前　言

管理会计是现代企业会计的重要组成部分。它将会计学科与其他经济管理学科有机地结合起来,进行交叉研究和探索,为企业评价过去、控制现在、规划未来提供了基本的大数据信息,成为社会经济管理和发展的重要工具。

随着国内外市场竞争的加剧,管理会计借助"互联网＋"条件下的大数据,在优化企业经营管理内部和外部环境中发挥的积极作用越发明显。党的二十大报告提出:"高质量发展是全面建设社会主义现代化国家的首要任务。"经济高质量发展是高质量发展的核心和关键,以实际行动推动管理会计助力企业长远健康发展具有重要意义,也为管理会计在我国的发展创造了新的契机。为适应新形势下的变化,依据高职高专人才培养目标,编写突出职业能力培养、体现管理会计工作过程理念的管理会计教材迫在眉睫。

本教材是根据"任务驱动、项目导向"的教学改革需要进行编写的,根据实际岗位需要进行内容组织,注重案例导入、教与学的有机结合,以帮助学生了解如何利用管理会计的基本原理解决目前我国的现实问题。

本教材以项目的形式展现管理会计相关知识,包括七个项目:管理会计基础认知、成本性态分析、变动成本法应用、本量利分析、经营预测、短期经营决策、全面预算管理。

本教材具备以下几个特点:

其一,每个项目均以浅显易懂的案例引导学生切入管理会计的工作情景,同时引用相关综合案例来拓展学生的知识面,注重培养学生解决实际问题的能力。

其二,为了适应高职高专院校教学改革的需要,每个项目都设立了学习目标和学习导图,每个学习任务均融入课程思政元素。

其三,教材编写在保留现代管理会计理论架构的基础上,对一些复杂的理论和方法做了适度简化,力求知识系统、内容精练。

其四,结合技能大赛的规定与标准,在每个项目最后都设置了对接岗课赛证的项目训练,提高学生适应X证书考核及技能大赛需具备的基本能力。

本教材由长期从事一线教学并有企业工作经历的教师共同编写。陈文担任主编，负责拟定提纲、修改和总纂；张颖、张珊珊、卢小亚担任副主编。其中：项目一、项目二、项目三由陕西财经职业技术学院陈文老师编写；项目四、项目五由陕西财经职业技术学院张颖老师编写；项目六、项目七由陕西财经职业技术学院张珊珊老师编写。

本教材既可以作为高职高专院校教学人员的教学用书，又可以作为学生自学的辅导资料。本教材配有供学习者使用的微课视频、教学课件等教学辅助资料，以方便教学或学习使用。

在本教材的写作过程中，作者参阅了相关管理会计专家学者的最新研究成果，在此表示感谢。

限于作者水平，本教材如有不足之处，在此诚望各位同行、读者批评指正，以便我们进一步修改完善。

陈文

2023 年 6 月

目　录

项目一　管理会计基础认知 ……………………………………………… 1
　　任务一　管理会计的定义、职能与基本内容 …………………………… 3
　　任务拓展 …………………………………………………………………… 7
　　任务二　管理会计的形成与发展 ………………………………………… 8
　　任务拓展 …………………………………………………………………… 13
　　任务三　管理会计与财务会计的关系 …………………………………… 14
　　任务拓展 …………………………………………………………………… 19
　　任务四　管理会计的基本假设与原则 …………………………………… 20
　　任务拓展 …………………………………………………………………… 24
　　项目小结 …………………………………………………………………… 25
　　项目训练 …………………………………………………………………… 26

项目二　成本性态分析 …………………………………………………… 29
　　任务一　按性态对成本分类 ……………………………………………… 31
　　任务拓展 …………………………………………………………………… 37
　　任务二　混合成本的分解 ………………………………………………… 39
　　任务拓展 …………………………………………………………………… 44
　　项目小结 …………………………………………………………………… 45
　　项目训练 …………………………………………………………………… 46

项目三　变动成本法应用 ………………………………………………… 49
　　任务一　变动成本法基础认知 …………………………………………… 51
　　任务拓展 …………………………………………………………………… 61
　　任务二　变动成本法的评价及应用 ……………………………………… 64
　　任务拓展 …………………………………………………………………… 68
　　项目小结 …………………………………………………………………… 69
　　项目训练 …………………………………………………………………… 71

项目四　本量利分析 ······ 77
任务一　本量利分析概述 ······ 79
任务拓展 ······ 84
任务二　单一品种保本分析及保利分析 ······ 85
任务拓展 ······ 88
任务三　多品种保本分析 ······ 89
任务拓展 ······ 94
任务四　经营安全程度分析 ······ 95
任务拓展 ······ 99
任务五　相关因素变动对保本点与利润的影响 ······ 101
任务拓展 ······ 105
项目小结 ······ 106
项目训练 ······ 107

项目五　经营预测 ······ 111
任务一　经营预测基础认知 ······ 113
任务拓展 ······ 118
任务二　销售预测 ······ 119
任务拓展 ······ 125
任务三　成本预测 ······ 126
任务拓展 ······ 131
任务四　利润预测 ······ 132
任务拓展 ······ 137
任务五　资金预测 ······ 138
任务拓展 ······ 142
项目小结 ······ 143
项目训练 ······ 144

项目六　短期经营决策 ······ 147
任务一　决策分析基础认识 ······ 149
任务拓展 ······ 155
任务二　短期经营决策分析的基本方法 ······ 156
任务拓展 ······ 161
任务三　生产决策 ······ 162
任务拓展 ······ 168
任务四　定价决策 ······ 171

任务拓展 …………………………………………………………… 177
　　项目小结 …………………………………………………………… 178
　　项目训练 …………………………………………………………… 179

项目七　全面预算管理 …………………………………………… 183
　　任务一　全面预算基础认知 ……………………………………… 185
　　任务拓展 …………………………………………………………… 191
　　任务二　业务预算的编制 ………………………………………… 192
　　任务拓展 …………………………………………………………… 198
　　任务三　专门决策预算与财务预算的编制 ……………………… 199
　　任务拓展 …………………………………………………………… 204
　　任务四　全面预算的编制方法 …………………………………… 205
　　任务拓展 …………………………………………………………… 213
　　项目小结 …………………………………………………………… 214
　　项目训练 …………………………………………………………… 215

项目一　管理会计基础认知

学习目标

● **知识目标**
  掌握管理会计的定义、职能、基本内容
  了解管理会计的形成与发展
  理解管理会计与财务会计之间的关系

● **能力目标**
  掌握管理会计的职能
  掌握管理会计与其他管理工作的区别与联系

● **素质目标**
  具有管理意识和战略意识
  具有用发展眼光看问题的能力

学习导图

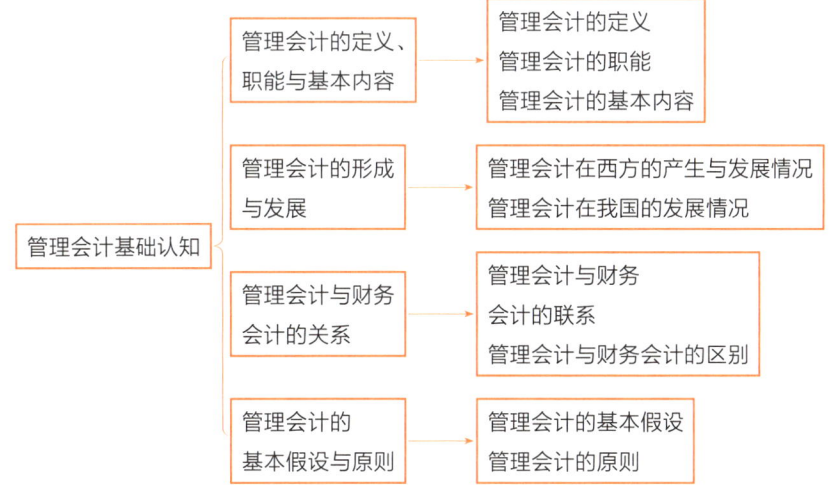

任务一　管理会计的定义、职能与基本内容

任务初探

某人花 8 元买了一只鸡，以 9 元的价格售出；后来又花 10 元买回这只鸡，再以 11 元的价格售出。请问此人一共赚了多少钱？目前有两个答案：一个答案认为此人赚了 2 元；另一个答案认为此人亏损了 1 元。

任务启示

认为赚 2 元是传统的财务会计思维模式，而认为亏损 1 元是管理会计的思维模式。通过本任务的学习，学生应明确什么是管理会计，同时也应了解管理会计的职能，为以后任务的学习奠定基础。

任务重难点

管理会计的定义
管理会计的职能
管理会计的基本内容

任务研习

随着社会经济的持续发展，企业之间的竞争愈演愈烈，因此，企业应搞好内部管理工作。相较于财务会计，管理会计尤为注重预测和管理企业以后的经济发展。

随着会计工作标准的持续提高，传统的监督与核算工作也已不适应企业的发展要求，而管理会计越来越凸显其在经济发展中的地位和作用。管理会计会深入加工与放大财务会计报表信息，以及进一步处理数据信息，进而获得对企业有益的建议。管理会计可以尤为精准地发现企业管理经验面临的不足之处，给管理层非常有效的建议，以使企业的经营风险减小。

一、管理会计的定义

随着企业的持续发展，在人工智能社会的背景下，企业财务会计势必从核算型转变为管理型。可见，管理会计是应加强和完善企业经营管理的要求而从传统会计中分离出来的一门新兴的会计学科，管理会计虽然脱胎于传统的财务会计，但是它并不进行一般意义上的核算和监督，而是紧紧围绕企业经营管理的规划和控制开展工作的。

(一) 西方会计学界的观点

美国会计学会于1958年对管理会计进行如下定义:"管理会计是指在处理企业历史和未来的经济资料时,运用适当的技巧和概念来协助经营管理人员拟订能达到合理经营目的的计划,并作出能达到上述目的的明智决策。"显然,这种定义将管理会计的活动领域限定于微观,即企业环境。

1981年,美国全国会计师联合会的一个下属委员会在其颁布的公报中指出"管理会计是为管理当局进行计划、评价和控制,保证适当使用各项资源并承担经营责任,而确认、计量、累积、分析、解释和传递财务信息等的过程",并指出管理会计同样适用于非营利的组织机构。这一定义扩大了管理会计的活动领域,指明管理会计的活动领域不应仅限于微观,还应扩展到宏观。这种观点后来被国际会计师联合会继承。

1988年,国际会计师联合会所属的财务和管理会计委员会将管理会计解释为:"在一个组织中,管理当局用于计划、评价和控制(财务和经营)信息的确认、计量、收集、分析、编报、解释和传输的过程,以确保其资源的合理使用并履行相应的经营责任。"

(二) 我国会计学界的观点

我国会计学者在解释管理会计定义时,提出如下主要观点:管理会计(学)是一门新兴的综合性边缘学科;管理会计是一个服务于企业内部经营管理的信息系统;管理会计是西方企业会计的一个分支;管理会计是一种为管理部门提供信息服务的工具;等等。

综上所述,管理会计可以定义为:管理会计是在当代市场经济条件下,以强化企业的内部经营管理,实现最佳经济效益为最终的目的,采用一系列的专门方法,对企业内部的经营活动及其产生的信息进行预测、决策、规划、控制、评价与考核,协助企业管理当局对其资源的合理配置和有效使用作出最优化决策的一个信息管理系统。

二、管理会计的职能

管理会计的职能是指管理会计在企业经营管理中的职能。管理会计是会计与管理的有机结合,显然,其职能不可避免地与会计职能和管理职能相关联。众所周知,会计的基本职能是核算与监督;现代企业管理的职能是计划、组织、协调、指挥与控制。但管理会计的职能并非会计职能和管理职能两者的简单相加,而是在此基础上有所发展与创新。

管理会计主要是为企业内部经营管理服务的,因此,现代企业管理的每一项职能都要求管理会计采取相应的措施与之配合;同时,现代会计又要求管理会计以其价值形式对企业的生产经营活动进行预测、核算与评价。所以,现代管理会计应具备以下职能。

(一) 预测职能

预测是根据过去和现在推断、估算未来,为企业经营管理提供所需要的信息资料。管理会计的预测职能是对财务会计及相关部门提供的历史资料作进一步的加工与延伸,采用灵活多样的方法,对未来的经济活动进行科学的筹划,为管理当局提供有用的经济信息。因此,预测职能是管理会计工作的基础与前提。

(二)决策职能

决策是在充分考虑各种可能的前提下,依据客观规律和要求,对未来实践的方向、目的、原则和方法作出决定的过程。决策是建立在科学预测的基础上,利用预测所取得的财务信息及其他相关资料,对未来一定时期内的生产经营活动可能采取的各种备选方案,选取合理的数学模型进行定量分析,权衡利弊得失,从中选择最优方案。显然,决策职能是管理会计的核心。

(三)规划职能

规划是指企业在经济管理过程中,根据决策的目标以及为了达到这一目标所应从事的财务活动作出的详细说明与计划。管理会计的规划职能是通过编制企业的各种计划和预算实现的,它要求在最终决策方案选定的基础上,将预先确定的有关经济目标分解落实到各相关预算中去,形成以各责任中心为主体的责任预算,以便合理有效地组织运用企业的经济资源和人力资源,并将其作为控制企业经济活动过程的重要依据。

(四)控制职能

控制是指能使企业的经济活动严格按照决策的预定轨道有序进行的监督和纠偏的过程。管理会计的控制职能要求企业根据规划所确定的目标以及相关规章制度,对预期可能发生的或实际已经发生的各种信息进行收集,并与企业的预算和相关标准进行对比,分析差异及其原因,及时采取切实可行的措施,对生产经营各个方面进行控制,纠正偏差,使之全面处于企业有效的监控之下。

(五)考核职能

考核主要是事后根据各责任中心所编制的业绩报告,将其实际数与预算数进行对比、分析,用以评价、考核各责任中心履行职责的情况,并将考核结果及时向有关部门反馈,以便找出成绩和不足,从而为实施奖惩制度和采取未来工作改进措施提供必要的依据。

三、管理会计的基本内容

管理会计是一门新兴的、正在发展中的学科,主要是为企业内部服务的。其内容涉及企业内部管理的各个环节、生产经营的各个领域,可以不拘一格地采用各种形式和方法加以分析、论证,没有强制性。为满足实践的需要,管理会计不断接受各种管理理论和方法的渗透、融合,因而其具体内容和专门方法仍在不断发展变化中。目前,管理会计的基本内容一般包括以下两个方面。

(一)规划与决策会计

规划与决策会计主要是为企业预测前景和规划未来服务的,主要包括预测分析、短期经营决策分析、长期投资决策分析、决策实施的全面预算。首先,利用相关信息对企业成本、销售、利润及资金等专门问题进行科学的预测、决策分析;其次,按决策程序所确定的目标编制企业全面预算(企业整体计划的数量说明);最后,为规划和把握未来经济活动,将全面预算按照责任制的要求分解,形成各个责任中心的责任预算。规划与决策会计可保证企业经济资源被有效、合理地利用,获得最佳经济效益,它在现代管理会计中占核心地位。

(二) 控制与评价会计

控制与评价会计主要是为企业控制现在和评价过去服务的，主要包括成本控制和业绩评价两部分。首先，利用标准成本制度，结合变动成本法，对企业日常经济活动进行跟踪、归集、计算；其次，根据责任会计的要求，将各责任中心实际数额与预算数额进行比较分析，通过编制日常业绩报告，评价与考核责任中心，确定其经济责任和奖惩；最后，将分析过程中发现的重要问题立即反馈给有关部门，迅速采取有效措施，及时整改。

课程思政

很多人认为未来是不可控的，其实是可控的，通过事前的有效预防，可以避免问题发生，其代价会远低于事后解决问题。我们通过事先的筹划与预测，别让问题冒头，这是成本最小的管理方式，也是管理会计的精髓所在。只有通过现在的努力拼搏，才能使我们在未来有更多的选择，所以我们的前途和命运其实掌握在自己手里。

任务拓展

一、单项选择题

1. 管理会计产生与发展的根本原因是（　　）。
   A. 科学技术的发展　　　　　　　B. 商品经济的发展
   C. 跨国公司的发展　　　　　　　D. 生产部门的发展
2. 现代企业会计的两大分支：一为财务会计，二为（　　）。
   A. 成本会计　　B. 预算会计　　C. 管理会计　　D. 财务管理
3. 管理会计的服务对象主要是（　　）。
   A. 企业的投资人　　　　　　　　B. 企业的债权人
   C. 税务部门　　　　　　　　　　D. 企业经营管理者
4. 管理会计所需要的资料主要来源于（　　）。
   A. 统计部门　　B. 财务会计　　C. 销售部门　　D. 生产部门
5. 在某种意义上被称为"内部会计"的是（　　）。
   A. 财务会计　　B. 成本会计　　C. 管理会计　　D. 责任会计
6. 管理会计的信息载体主要是（　　）。
   A. 利润表　　　　　　　　　　　B. 资产负债表
   C. 财务状况变动表　　　　　　　D. 内部报告

二、多项选择题

1. 管理会计的职能有（　　）。
   A. 决策　　　B. 规划　　　C. 考核　　　D. 预测
   E. 控制
2. （　　）属于现代管理会计的基本内容。
   A. 规划与决策会计　　　　　　　B. 预算会计
   C. 控制与评价会计　　　　　　　D. 以上都是

三、判断题

1. 管理会计人员应具有良好的职业态度和职业道德修养。（　　）
2. 管理会计人员不需要遵守会计的一般要求，不需要同会计一样保守机密。（　　）
3. 管理会计只提供财务信息，不提供非财务信息。（　　）

四、主题讨论

1. 会计核算职能如何在管理会计中得到延伸？
2. 请调查管理会计在本地企业中的运用情况，并分析其在运用过程中存在的问题。

任务二　管理会计的形成与发展

 任务初探

一家生产电子配件的公司正面临着激烈的市场竞争,公司总裁对公司的不良业绩、高额的保证成本以及客户对送货不满的投诉感到担心。为此,公司采取了相应的措施。例如,新设立一个质量保证部门,实施"高质量保证"的产品质量改进计划,试图向顾客进行质量承诺。为了扩大销售,公司还给予几家大客户价格折扣。但是,公司的这一系列举措没有收到预期的效果,公司的产品仍然有质量问题,财务业绩仍然不佳。

咨询顾问发现,该公司存在如下问题:第一,公司的会计信息系统没有提供有关客户盈利能力、产品盈利能力和产品质量成本的相关信息,会计信息系统仍然按照财务会计的要求来计划产品成本,这给管理当局的决策造成了误导,在他们看来企业销售的是看似利润丰厚但实际利润微薄的产品。由于缺乏质量成本信息,管理者无法对产品的质量进行监督和评价,也就无法达到质量控制的目标。第二,企业的各部门之间缺乏沟通,特别是销售部门和生产部门。销售部门为了扩大销售,接受过多的订单,生产部门无法及时完成这些订单,导致客户转向了其他制造商。生产部门的目标是不断降低产品成本,由于按传统的成本计算系统,产量越多,成本越低,而且企业的设备生产不同产品转换成本较高,生产部门为了控制成本,总是在大批量生产完一种产品后再转向另一种产品,这样就造成了某些产品的存货过多,而其他产品的存货供不应求的局面。

任务启示

通过本任务的学习,学生应了解财务会计信息系统已无法满足企业短期经营决策的需求,应由管理会计提供相应的信息资料,并理解管理会计产生的原因,从管理会计的形成与发展中掌握会计与管理的关系,以及管理会计的主要特点。

任务重难点

> 管理会计的萌芽
> 管理会计的正式形成
> 管理会计的发展阶段

任务研习

会计是现代管理科学的一个重要组成部分,管理会计则是会计的一个重要分支。管

理会计自产生以来,已经有了将近一个世纪的历史。作为一门相对独立的新兴的综合性交叉学科,它不仅是商品经济发展的产物,还是多种方法和思想共同作用的结果。同任何新鲜事物一样,管理会计经历了由简单到复杂、从低级到高级的各个阶段,并随着当前的经济发展,还在继续完善和发展。

管理会计萌生于19世纪末20世纪初,其雏形产生于20世纪上半叶,正式形成和发展于第二次世界大战之后,并于20世纪70年代后在世界范围内得以迅速发展和传播。

一、管理会计在西方的产生与发展情况

(一) 管理会计的萌芽期

管理会计的形成可以追溯到19世纪末20世纪初,当时正处于传统的近代会计向现代会计过渡的阶段。众所周知,近代会计以复式记账为基础,严格遵循会计循环的程序,以计算和反映报告企业的经营成果和财务状况为主要任务。由于它与以经验和直觉为核心的传统管理方式相适应,对促进资本主义社会早期经济的发展起到了一定的积极作用。但随着社会生产力水平的提高和商品经济的迅速发展,传统的管理方式无法克服的粗放经营、资源浪费严重、企业基层生产效率低下等弊端同大机器工业的矛盾越来越尖锐。用先进的科学管理代替落后的传统管理以适应资本主义经济迅速发展的要求,成为当时亟须解决的重大问题。

1. 成本会计是管理会计的前身

成本会计作为管理会计的前身,是工业化的产物。工业革命使生产方式从手工作坊向机械化生产过渡。随着时间的推移,企业的规模越来越大,同时要求筹集大量资金用在购置昂贵的生产设备上,使折旧费用大幅度增长,加上产品的品种日趋多样化,使间接费用的分配成为成本计算面临的一大难题。与此同时,竞争的压力又要求分产品提供较准确的成本数据,以实现成本计算与利润计算的直接联系。这种情况客观上要求成本计算的技术方法着重于解决折旧费用的计算和产品间接费用的分配。在起始阶段,这种计算是在账外进行的,经过较长一段时间的实践后才转入账内计算,使成本的形成、积累与结转纳入复式记账法的框架,从而标志着成本会计的正式诞生。

受发展历史的影响,当成本会计的工作内容不再满足当时的需要,管理会计就随之产生。工作的内容从成本核算慢慢转移到管理控制,管理会计便由此发展而来。成本会计近乎于是管理会计的前身,管理会计慢慢随着时代的发展而发展,能为企业提供更好的服务。

2. 泰勒的科学管理学说是管理会计形成的基础

1880年,美国机械工程师协会成立,它的主要成员如泰勒、埃默森等工程师开始研究超出工艺范围的产品成本问题,注重解决产品成本与企业经济效益问题。随着这方面研究的深入发展,美国的科学管理运动蓬勃兴起。1911年,泰勒创作的《科学管理原理》一书出版发行。泰勒科学管理学说的核心是强调提高生产和工作效率,通过时间研究和动作研究等,来制定在一定的客观条件下可以实现的、最有效率的标准,以实现生产各个方面的高度标准化。标准制定完以后,要求严格按标准执行,不允许一切可避免的浪费存在。

为配合"泰勒制"的实施与推广，要求传统的会计由单一的事后核算向事前规划、事中控制转变，于是在会计实务中出现了"标准成本计算"和"预算控制"。它们的共同特点是：事先制定标准数量或者预测数值；然后按此执行并加以控制，将实际数与标准数值或预测值进行比较；最后计算差异并进行差异分析，通过差异分析，揭示产生差异的原因并提出消除差异的建议和措施。于是，在20世纪初，美国企业会计实务开始出现了以"差异分析"为主要内容的"标准成本计算制度"和"预算控制"，其理论和方法的产生标志着传统管理会计的形成。

(二) 管理会计的形成阶段

20世纪40年代，特别是第二次世界大战后，资本主义生产力迅速发展，企业规模不断扩大，跨国公司大量涌现，国内、国际市场竞争加剧。这种形势迫使企业家将管理的重心转向企业内部，转向改进经营管理和对市场的开发上。企业为增强竞争力，不得不广泛推行职能管理、行为科学管理，想方设法调动员工的积极性，同时注重市场调研，加强科学的预测和决策，逐步形成了一个能与市场竞争环境相适应的预测、决策、控制、考核、评价的管理会计体系。企业内部的管理日益科学化、现代化，现代管理科学也就产生和发展了。现代管理科学的创立及其在企业管理中的应用，不仅极大地提高了现代企业的经营管理水平，而且有力地推动了会计学科的发展。于是，在会计领域中逐渐形成了一整套相对独立的会计方法体系和理论——管理会计。1952年，国际会计师联合会正式采用"管理会计"来统称企业内部会计体系，标志着管理会计正式形成。这一时期的管理会计由生产管理转向经济决策，由关注劳动生产效率的提高转向关注全局性的经济效益的提高。

管理会计正式形成以后，传统的单一会计系统就逐步分化为财务会计与管理会计两个相对独立的系统。西方国家把以提供财务报表为主要手段，以企业外部投资者、债权人等为主要服务对象的会计称为财务会计，它是传统会计的继续和发展；同时，为适应现代化管理需要，将会计中为企业内部管理人员进行正确决策及有效经营服务的内容从传统会计中分离出来，称为"管理会计"。管理会计是以新的经营管理条件为基础，逐步形成和发展起来的一门新的学科，它既是企业管理的一个分支，又是与财务会计并列的一个会计分支。

在这个阶段，管理会计为适应现代经济管理的要求，不仅完善和发展了规划控制会计的理论与实践，而且逐步充实了以"管理科学学派"为依据的预测决策会计和以"行为科学"为指导思想的责任会计等内容，基本上形成了以预测决策会计为主，以规划控制会计和责任会计为辅的现代管理会计新体系。

(三) 管理会计的发展阶段

管理会计自20世纪50年代正式形成后，其发展大致经历了以下阶段。

1. 20世纪50年代至20世纪60年代初

20世纪50年代至20世纪60年代初，西方管理会计的主要任务是解决成本会计所面临的如何正确地确定产品成本以及如何降低成本、提高经济效益等问题。由于当时的产品生产主要依靠手工来进行，直接人工就自然作为分配制造费用的基础。这一时期采用的管理会计方法主要有预算编制、责任会计制度、成本差异分析、机会成本、业绩评价、内部转移价格的制定等，此外，西方的一些管理会计学者还为上述方法建立了数学分析模型。

2. 20世纪60年代中后期

20世纪60年代中后期，电子计算机等新技术开始被广泛应用于制造业，使产品在质与量上都得到了很大提高，也使世界市场的竞争日趋激烈，因而对企业内部的管理与控制提出了更高的要求。新技术的发展不但对产品的生产工艺及程序产生了积极的影响，而且对企业内部的信息处理产生了实质性的影响。由于大量的会计软件得到了开发，经理们使用计算机即可以往更快更多地获取企业经营管理的各方面信息。西方国家的管理会计学者开始将20世纪60年代建立并发展起来的数学模型不断加以深化，建立了更多的数学分析模型，且广泛涉及在风险和不确定情况下的复杂数学分析模型，如线性和非线性规划模型、概率统计分析模型等。

3. 20世纪70年代至20世纪80年代

20世纪70年代至20世纪80年代，西方管理会计学者开始将信息经济学、组织行为学、代理人理论等相关学科引入管理会计的研究中，使管理会计的研究与应用领域得到了进一步拓宽。

但是，现代管理会计自进入20世纪80年代中期后开始遭遇各种各样的问题，集中表现在西方会计界的一些学者和实务工作者对管理会计的知识体系，特别是对教科书中的内容与实践相脱节的问题提出了许多批评意见。西方会计界开始对管理会计的理论与实践进行反思，并着手对原有传统管理会计的知识体系进行一些尝试性的创新与变革，以适应当时社会经济和科学技术发展的需要。

4. 20世纪90年代之后

进入20世纪90年代之后，管理会计进行了一系列创新与变革，不仅对原有的知识体系进行了改造，还产生了一些分支学科和研究领域，具体包含作业成本计算法、平衡计分卡业绩评价系统、战略地图、战略管理会计、质量成本管理会计、代理人理论、组织行为学、信息经济学等相关科学在管理会计中的应用，人力资源管理会计、增值管理会计、社会责任管理会计、环境管理会计、资本成本管理会计、国际管理会计等。

总体来看，进入20世纪90年代之后，管理会计作为一门独立的学科，其新的研究与应用领域得到不断拓展。随着社会经济的发展和科学技术的日新月异，管理会计在加强企业内部经营管理和提高企业经济效益方面的作用日益加大。与此同时，西方发达资本主义国家（如美国、英国等）陆续将"管理会计"课程纳入高校会计及其他相关专业课程体系。国际会计准则委员会和国际会计师联合会等国际组织所属的管理会计团队也进行了大量卓有成效的理论研究工作，发布了一系列有关管理会计基本概念、职业道德规范方面的文件。管理会计在国际范围内发展起来。

二、管理会计在我国的发展情况

我国引入管理会计是在20世纪70年代末80年代初。但是，客观地说，我国企业应用管理会计的历史可以追溯到20世纪50年代的班组核算和60年代的资金成本归口分级管理。1978年之后,我国进入了改革开放时期。在传统的计划经济体制向市场经济体制转变的过程中,我国企业在建立、改善和深化各种形式的经济责任制的同时,将厂内经济核算制纳入经济责任制,形成以企业内部经济责任制为基础的具有中国特色的责任会计体系。20世纪80年代末,与经济责任制配套,许多企业实行了责任会计、厂内银行,由此,我国责任会计进入一个高潮期。不过,与中国经济体制改革相适应,90年代以前的管理会计应用侧重于企业内部,没有明显的市场特征。进入20世纪90年代,管理会计在我国企业的应用有所突破,河北邯郸钢铁公司实行的"模拟市场,成本否决"制度可谓管理会计在我国企业应用的成功典范。我国实行的是社会主义市场经济体制,内部管理十分重要,管理会计在我国将越来越显现出其强大的生命力。

课程思政

我国已进入高质量发展阶段。当前我国经济已由高速增长阶段转向高质量发展阶段,正处在转变发展方式、优化经济结构、转换增长动力的攻关期。因此,企业管理者对于增收节支、提高经济效益方面的需求也越来越重视。这就意味着会计工作必须适应该变化,管理会计的重要性在今天日趋凸显。

任务拓展

一、单项选择题

1. 1911年,(　　)发表了著名的《科学管理原理》,开辟了企业管理的新纪元。
   A. 泰勒　　　　　　　　　　B. 蓝斯登
   C. 奎因斯坦　　　　　　　　D. 斯坦纳

2. 管理会计正式形成和发展于(　　)。
   A. 20世纪初　　　　　　　　B. 20世纪50年代
   C. 20世纪70年代　　　　　　D. 20世纪80年代

3. 泰勒管理学说认为,企业采用的管理方法是(　　)。
   A. 科学管理方法　　　　　　B. 经验管理方法
   C. 传统管理方法　　　　　　D. 现代管理方法

4. (　　)年,国际会计师联合会上正式通过了"管理会计"这一专业术语。
   A. 1911　　　　　　　　　　B. 1920
   C. 1922　　　　　　　　　　D. 1952

5. 20世纪初,以(　　)为主要内容的"标准成本计算制度"和"预算控制"标志着管理会计的雏形已经形成。
   A. 数量分析　　　　　　　　B. 离散分析
   C. 差异分析　　　　　　　　D. 成本分析

二、多项选择题

1. (　　)的出现标志管理会计原始雏形的形成。
   A. 标准成本计算制度　　　　B. 变动成本法
   C. 预算控制　　　　　　　　D. 责任考评

2. 管理会计属于(　　)。
   A. 现代企业会计　　　　　　B. 经营型会计
   C. 外部会计　　　　　　　　D. 报账型会计
   E. 内部会计

三、判断题

1. 管理会计的前身是成本会计,管理会计萌生于20世纪上半叶。　　　(　　)
2. 管理会计师不需要具有一定的预算和绩效管理能力,不需要灵活使用预算和绩效管理的工具方法。　　　(　　)

四、主题讨论

管理会计如何随着管理实践和环境的发展变化而变化?其发展趋势如何?

任务三　管理会计与财务会计的关系

任务初探

为适应市场经济发展的需要,科鑫集团建立了有效的会计组织体系,运用科学的管理会计方法,对企业运营实施全过程、全方位的核算。其具体做法如下。

(一)划分作业管理单元

科鑫集团以项目为作业管理单元、推进项目管理,将全部业务根据不同大类、不同工作状态、不同客户对象划分成不同的项目单位,并确定项目负责人。同时该集团还区分阶段,在不同的项目管理阶段分别设置销售经理、项目经理和客户量控制经理等岗位,由其分别负责不同的项目管理。

(二)推进全面成本管理

科鑫集团将项目成本分成项目直接成本、人力资源成本、生产资源成本及经营管理成本四部分。当每部分成本发生时,或直接认定为项目成本,或根据不同的作业动因,按照既定的规则分配到相关项目中。同时,也可以通过项目成本报告对单一项目成本进行多层次解读,以便分析项目盈利能力或进行项目可行性分析。

(三)实行纵横成本控制

科鑫集团成本核算控制中心通过预测和分析,编制各部门年度业务量、收入和消耗量目标预算,并落实到各部门,实现成本费用的纵向控制,作为评价和考核各部门工作业绩和效益的重要依据。在成本控制中,科鑫集团还把成本费用管理的责任及有关指标分别落实到各职能部门,实行成本费用的横向控制。

(四)比较科鑫集团利润表与管理会计核算表

科鑫集团通过分析其差异程度和差异形成的原因,提出下一步的优化措施。经过多年的努力,科鑫集团利润表和管理会计核算表之间的差异越来越小,管理会计核算的准确性也越来越高。

(五)坚持定期成本分析

科鑫集团成本核算控制中心对内部报告的会计报表进行分析研究,发现问题及时向高层管理者提出改进意见和措施,并作为修订未来规划的参考。各部门取得部门月度利润表后,对自身的业务量和经济运行状况作出比较分析,并及时制定相应的对策加以修正。科鑫集团以及各部门运用此会计信息定期或不定期地进行总结或有针对性地进行专题分析,大大提高了管理者的经营管理水平和经营决策水平。

任务启示

通过本任务的学习,学生应明确管理会计的工作重点,了解管理会计与财务会计的异同,掌握管理会计的特点。

任务重难点

管理会计与财务会计的联系
管理会计与财务会计的区别

任务研习

关于管理会计与财务会计的关系,目前学术界比较统一的看法是:两者同属于企业会计信息系统,既有区别又有联系。

一、管理会计与财务会计的联系

管理会计与财务会计同为现代企业会计的有机组成部分,它们之间的联系主要表现在以下几方面。

(一)管理会计与财务会计同属于现代企业会计的范畴

管理会计与财务会计是现代企业会计的两大分支,同属于现代企业会计的范畴。它们都是在传统会计中孕育、发展和分离出来的。管理会计是面向未来,为企业内部决策者提供信息。财务会计是以受托责任为目标,为企业外部利益相关者提供财务信息。

(二)管理会计与财务会计的核算对象一致

管理会计与财务会计的核算对象都是企业的经营资金运动,只是侧重点不同。财务会计的核算对象在时间上侧重于企业过去的经营资金运动,在空间上侧重于企业全局性的经营活动;而管理会计的核算对象在时间上是企业现在和未来的经营资金运动,在空间上侧重于企业局部的或特定的经营活动。

(三)管理会计与财务会计的最终目标相同

财务会计为企业外部的投资者、债权人等如实了解企业的财务状况和经营成果提供咨询服务;而管理会计则为企业内部的管理者、决策者有效组织经营提供咨询服务。可见,两者的目标不是对立而是相通,都是为企业的有关方面提供参谋、咨询服务。管理会计与财务会计共同服务于企业经济管理,最终目标都是提高企业经济效益,实现企业价值最大化。

(四)管理会计与财务会计相互分享部分信息

管理会计所需要的许多资料来源于财务会计,如成本资料、盈利情况、现金流量状况等,它的主要工作内容是对财务会计信息进行深加工和再利用,去粗取精、分析比较、预测决策。管理会计所形成的各种信息资料,可以作为财务会计报告的补充资料。例如,在上市公司的年度财务报告中,往往会涉及企业的业绩评价和薪酬激励计划、财务预算和盈利预测数据等。

二、管理会计与财务会计的区别

财务会计侧重于对外服务,是"对外报告会计"。管理会计侧重于为内部管理服务,是

"对内报告会计"。两者虽然联系密切,但区别也很明显,主要表现为以下几点。

(一)具体职能目标不同

财务会计反映经营情况,记录、整理、汇总和解释各项经济业务的数据,并通过定期编制财务报表,提供一定时点的财务状况及一定期间的经营成果和资金流动情况的财务信息,为企业外部经济利益团体或个人服务。财务会计履行核算、报告企业经营成果和财务状况的职能,属于"报账型会计"。

管理会计参与企业预测和决策,计划和控制日常经济业务,运用灵活多样的专门方法和技术,并通过不定期编制各种管理报表,提供有效经营和最优管理决策的有用信息,为企业内部各级管理人员服务。管理会计主要履行预测、决策、规划、控制和考核的职能,属于"经营管理型会计"。

(二)会计主体不同

财务会计的会计主体是整个企业,应当对企业本身发生的交易或事项进行会计确认、计量和报告。

管理会计的会计主体除包含独立的经营单位外,还包括其内部各责任单位,如部门、小组或个人。它主要根据管理当局在企业内部经营管理活动中的具体需要而定,具有多样性和灵活性的特点。

(三)约束条件不同

财务会计必须遵守国家统一颁布的《企业会计准则》和《企业会计制度》。

管理会计不受《企业会计准则》和《企业会计制度》的制约,只为满足管理人员的需要。管理当局需要什么数据就计算什么数据,依据管理人员的需要作出可行性分析。

(四)核算程序不同

财务会计按固定、完整的会计核算程序处理日常经营事项,其凭证、账簿、报表均有规定格式。

管理会计不受固定、完整的会计核算程序的制约,没有诸如从凭证到账簿再到报表以及按规定的内容、格式、期限编制财务报表之类的严格要求,而完全取决于企业本身未来生产经营的实际需要,由管理人员自行设计报表等。

(五)核算方法不同

财务会计在同一时期内,要求核算方法保持一致,必须用统一的货币计量单位核算有关财务指标的增减变动情况,从而保证会计核算资料的正确、完整、可靠。财务会计的计算比较简单,只需应用简单的数学计算方法和原始的计算工具。

管理会计在同一时期内并不拘泥于以单一的货币形式来提供完整、连续、系统的会计资料,而是可以用多种方式、方法,对多种资料进行加工整理,以提出多种可选方案。管理会计的计算多采用复杂的数学方法、数理统计和计算机技术等,建立数学模型进行定量分析。

(六)核算重点不同

财务会计主要是面向过去,单纯提供历史信息和解释信息。

管理会计主要是面向未来,不仅要反映过去,还要能动地利用财务会计信息及其他有关资料,预测前景,参与决策,规划未来和控制现在。

(七) 信息精确度不同

财务会计核算要求及时、相关和真实,力求数字的绝对精确与平衡。

管理会计核算要求及时、相关,计算数字不要求百分之百的精确,一般只要求计算近似值即可。

(八) 核算信息特征不同

财务会计提供连续的、系统的、综合的财务成本信息,基本财务报表对外公开发表,具有法律效力,承担法律责任。

管理会计提供有选择的、部分的或特定的管理信息,业绩报告一般不对外公开发表。不具有法律效力,也不承担法律责任。

(九) 核算行为影响不同

财务会计主要关心如何计量和传输财务成本信息,一般不重视管理人员的行为影响。

管理会计最关心计量结果和业绩报告将如何影响管理人员的日常行为,并设法调动他们的积极性。

(十) 核算时间不同

财务会计一般是定期进行成本计算,定期编制各种报表,时效性很强,很少有弹性。

管理会计不受固定时间的限制,完全根据管理的需要,可能每隔几小时,也可能长达数年才进行成本计算和编制报表,有较大的弹性。

(十一) 法律效力不同

财务会计是以受托责任为目标,为企业外部利益相关者提供财务信息。所提供的信息报告具有法律效力,负有法律责任。

管理会计是面向未来,为企业内部决策者提供信息。所提供的信息不具有法律效力,不负有法律责任。

(十二) 实施程度不同

财务会计在每个企业都必须按照会计准则的要求实施,理论方法比较成熟稳定。

管理会计可以根据各企业的需要和可能实施,理论方法正在发展,尚未定型。

管理会计与财务会计的主要区别如表1-1所示。

表1-1 管理会计与财务会计的主要区别

区别	管理会计	财务会计
具体职能目标不同	履行预测、决策、规划、控制和考核的职能,属于"经营管理型会计"	履行核算、报告企业经营成果和财务状况的职能,属于"报账型会计"
会计主体不同	可以是整个企业,也可以是企业内部各责任单位,如部门、小组或个人	整个企业

(续表)

区别	管理会计	财务会计
约束条件不同	不受公认会计准则、会计制度的约束	严格遵守会计准则、会计制度的规定
核算程序不同	没有固定的核算程序	必须执行固定的核算程序
核算方法不同	灵活多样,大量运用概率论、微积分等现代数学方法	应用简单的数学计算方法和原始的计算工具
核算重点不同	预计将要发生或应当发生的经济活动	核算过去已发生的经济活动
信息精确度不同	要求及时和相关,计算结果不要求绝对精确	要求及时、相关和真实,计算结果绝对精确
核算信息特征不同	特定的、部分的、有选择的管理信息	连续的、系统的、综合的经济信息
核算行为影响不同	注重管理行为的结果,关注管理过程,设法调动人员的主观能动性	注重财务状况和经营成果,一般不注重对管理人员行为的影响
核算时间不同	不确定,按管理需要进行	按会计期间定期进行
法律效力不同	提供的信息不具有法律效力,不负有法律责任	信息报告具有法律效力,负有法律责任
实施程度不同	各企业根据需要和可能实施,理论方法正在发展,尚未定型	每个企业都必须实施,理论方法比较成熟稳定

课程思政

　　任何事物都不是独立存在的,都与周围的其他事物相互联系。因此,我们在认识管理会计的过程中,可以通过与财务会计的对比,加深对管理会计工作的了解。

任务拓展

一、单项选择题

1. 管理会计（　　）编制报告。
   A. 按月　　　　　　　　　　B. 按年
   C. 按季　　　　　　　　　　D. 按管理需要

2. 不受会计准则、会计制度制约的是（　　）。
   A. 财务会计　　　　　　　　B. 管理会计
   C. 财务报告　　　　　　　　D. 会计核算

3. 管理会计不要求信息（　　）。
   A. 绝对精确　　　　　　　　B. 相对精确
   C. 及时　　　　　　　　　　D. 相关

二、多项选择题

1. 下列各项中，属于管理会计与财务会计的联系的有（　　）。
   A. 两者相互依存，相互制约
   B. 两者工作对象基本相同
   C. 两者最终奋斗目标一致
   D. 两者都需要完善与发展

2. 下列关于管理会计的叙述中，正确的有（　　）。
   A. 没有固定工作程序　　　　B. 可以提供未来信息
   C. 以责任单位为主体　　　　D. 必须严格遵循公认会计原则
   E. 重视管理过程和职工的作用

3. 下列项目中，可以作为管理会计主体的有（　　）。
   A. 企业整体　　B. 个人　　　C. 车间　　　　D. 班组

三、案例分析

东汉公司有一位刚从财务会计工作转入管理会计工作的会计人员王某，对于管理会计知识不甚了解。以下是他对管理会计提出的个人观点：

1. 管理会计与财务会计的职能一样，主要是核算和监督，对相关人员的利益进行协调。

2. 管理会计与财务会计是截然分开的，无任何联系。

3. 管理会计报告要在会计期末以报表的形式上报。

4. 一个管理会计师可以将手中掌握的信息资料随意提供给他人。

要求：评价上述观点正确与否，并进行分析。

任务四　管理会计的基本假设与原则

任务初探

> 小刘刚刚大学毕业,在某企业管理会计岗位实习。经过一段时间的实习,他认为管理会计的服务对象是企业内部的经营管理者,管理会计人员不需要遵守会计职业道德规范。小刘的理解是否正确?

任务启示

管理会计人员若是职业道德缺失,就不能为企业经营管理者提供正确的经营管理信息,从而造成企业发展方向错误,引发生存危机。通过本任务的学习,学生应了解管理会计工作在执行过程中的基本理论和基本原则,为以后各任务的学习奠定基础。

任务重难点

> 管理会计的基本假设
> 管理会计的原则

任务研习

一、管理会计的基本假设

基本假设主要是指具有普遍意义的对一些外部不确定因素的假定性命题,此类假设构成管理会计原则的理论基础。由于管理会计进行规划与决策所依据的信息主要取决于财务会计,财务会计的一些会计假设同样适用于管理会计。但是,由于管理会计主要是对内报告会计,采用的方法具有较大的灵活性,需要对财务会计的某些假设进行修订,形成以下适用于管理会计的基础性假设。

(一)会计主体假设

会计主体假设规定了会计活动的空间范围。与财务会计的会计主体不同的是,管理会计的会计主体除包含独立的经营单位外,还包括其内部各个责任层次的责任单位,它主要根据管理当局在企业内部经营管理活动中的具体需要而定,具有多样性和灵活性的特点。

(二)持续经营假设

持续经营假设规定了会计活动在时间上的不间断性。对管理会计而言,其所进行的规划与决策、控制与业绩评价活动主要以财务会计提供的信息为依据,而财务会计取得的会计信息必须以企业在其生产经营期间内不间断地持续经营为前提,因此,持续经营假设也同样适用于管理会计。

持续经营假设是对管理会计对象运行基本方式的规定,即假设企业及各级责任单位的生产经营和筹资、投资活动可以无限期地延续下去。

(三) 灵活分期假设

灵活分期假设规定了会计活动的时间范围,即把企业无限期持续不断的生产经营和筹资、投资活动,划分为一定期间的活动,以便及时提供有用的管理信息。与财务会计的会计分期假设不同,管理会计虽然也需要确定其活动的时间范围,但在时间跨度上具有很大的弹性,可以短至一天、长至数年灵活地分期编制内部报告。因而,管理会计的会计分期具有较大的灵活性和不确定性。

(四) 多种计量单位假设

管理会计在进行规划与决策、控制与业绩评价活动时,可根据企业内部经营管理的不同需要来选择不同的计量单位,除可使用货币单位外,还可使用实物量单位、时间量单位和相对数单位等,多种计量单位的选择,是管理会计区别于财务会计的一个重要特点。

(五) 成本分类多样性假设

成本性态假设是指一切成本都可仅按成本性态划分为固定成本和变动成本。与财务会计将企业的总成本简单地分为产品生产成本和期间成本不同,管理会计主要是根据企业经营管理的需要对成本进行分类。例如,为了进行本量利分析和实施变动成本法等,可根据成本习性原理将企业的全部成本划分为变动成本与固定成本;为了进行决策分析,可根据成本的相关性将企业的全部成本划分为相关成本和无关成本;在实施责任会计制度时,为了对成本中心的责任成本进行有效控制,可根据成本的可控性将企业的全部成本划分为可控成本与不可控成本;为了实施作业成本计算法,可根据成本动因将企业的全部成本划分为短期变动成本、长期变动成本和固定成本;等等。成本分类的多样性充分体现了管理会计的"为不同目的而采用不同成本"的特点。

(六) 货币时间价值假设

货币时间价值假设是指等量货币在不同时点上具有不同的价值,与财务会计的币值不变假设不同,管理会计在进行投资决策时,必须考虑货币的时间价值,尤其是在进行长期投资决策时,需要将若干年后取得的投资报酬根据货币时间价值折为现值,以便同原投资额的现值进行比较;反之,为了确定一项投资方案的未来报酬,又需要按货币时间价值计算该项投资额的终值。由此可见,货币时间价值是保证决策质量的一个重要的前提条件。

二、管理会计的原则

管理会计的原则是管理会计实践的经验总结和管理会计理论的科学概括,它既是管理会计理论体系的重要组成部分,又是指导管理会计实务的规范。在西方国家,管理会计的原则一般用管理会计信息的质量特征来加以表述。因为管理会计信息的质量特征是管理会计目标的具体化,是从属于管理会计目标的一个理论范畴,它体现了管理会计目标在信息质量方面的要求,并且是评定管理会计信息有用程度的基本标准。从系统论的角度来看,管理会计的原则可分为基本原则和具体原则两个层次。

(一) 基本原则

基本原则是指管理会计的一般原则,对管理会计工作具有普遍的指导意义,具体包括以下几项。

1. 相关性原则

相关性原则要求管理会计人员提供为实现管理会计基本目标所需的各项相关信息。

2. 可靠性原则

可靠性原则要求管理会计人员提供的各项相关信息必须真实可靠。

3. 重要性原则

重要性原则要求管理会计人员提供的信息必须对决策结果的正确与否有重大影响,并符合一定的误差范围界限。

4. 及时性原则

及时性原则要求管理会计人员提供的信息必须及时满足经营管理决策的需要。

5. 中立性原则

中立性原则要求管理会计人员提供的信息和所作出的决策分析结论,不能掺入个人的偏见和有关管理人员的主观意愿。

6. 灵活性原则

灵活性原则要求管理会计人员根据经营管理的不同需要,灵活采用管理会计的方法与技术。

7. 可理解性原则

可理解性原则要求管理会计人员提供的各项相关信息能为各级管理人员所理解。

8. 可验证性原则

可验证性原则要求管理会计人员提供的各项相关信息能在实践中得到检验。

9. 可操作性原则

可操作性原则要求管理会计人员采用的各种方法与技术尽可能简易可行、便于操作。

10. 成本效益原则

成本效益原则要求取得各项相关信息产生的效益必须大于取得这些信息的成本。

(二) 具体原则

具体原则是指根据管理会计的具体内容而制定的,用于指导各项管理会计具体工作的特定原则,主要包括以下方面。

1. 规划方面的原则

规划方面的原则包括全局性原则、目标管理原则、目标一致性原则、以销定产原则等。

2. 决策方面的原则

决策方面的原则包括定量与定性分析相结合的原则、信息充分原则、科学预测原则、方法合理性原则、效益性原则等。

3. 控制方面的原则

控制方面的原则包括全面控制原则、分权管理原则、责权利相结合原则、例外管理原则、可控性原则、反馈性原则等。

4. 业绩考评方面的原则

业绩考评方面的原则包括客观性原则、考评与奖惩相挂钩原则、物质激励与精神激励相结合原则等。

课程思政

管理会计人员若是职业道德缺失，就不能为企业经营管理者提供正确的经营管理信息，从而造成企业发展方向错误，给企业带来生存危机，最终可能会导致企业为了生存发展在财务方面弄虚作假，偷税漏税，甚至采取不正当的竞争手段，这些状况的出现都会影响市场经济的正常运行。因此，管理会计人员在工作中也应遵守相应的基本理论、基本原则和职业道德。

任务拓展

一、单项选择题

规定了管理会计活动时间范围的是( )。

A. 会计主体假设

B. 持续经营假设

C. 灵活分期假设

D. 货币时间价值假设

二、多项选择题

1. 管理会计在企业规划、决策、控制和考核评价经济活动与业绩时,其可以使用的计量单位有( )。

A. 货币单位

B. 非货币单位

C. 以货币单位为主,也广泛采用非货币计量单位

D. 以非货币单位为主,也采用货币单位

2. 管理会计的基本原则包括( )。

A. 可理解性原则

B. 中立性原则

C. 灵活性原则

D. 相关性原则

三、主题讨论

财务会计的信息质量要求是什么?与管理会计的基本原则有哪些异同之处?

四、案例分析

东汉公司有一位刚从财务会计工作转入管理会计工作的会计人员王某,对于管理会计知识不甚了解。以下是他对管理会计提出的个人观点:

1. 管理会计的信息质量特征与财务会计的信息质量特征完全不同。

2. 在提供管理会计信息时可以完全不用考虑成本效益原则。

3. 与财务会计一样,管理会计同样提供货币性信息。

要求:评价上述观点正确与否,并进行分析。

项目小结

管理会计是以现代企业经营活动的资金流动为对象,以现代管理科学为基础,利用财务会计、统计及其他相关资料,采用一系列的专门方法,对企业内部的经营活动及其产生的信息进行预测、决策、规划、控制、评价与考核,协助企业管理当局对其资源的合理配置和有效使用作出最优化决策的一个信息管理系统。

管理会计、财务会计、成本会计同为会计学下面的子学科。管理会计面向未来,为企业内部决策者提供信息。财务会计则以受托责任为目标,为企业外部利益相关者提供财务信息。成本会计提供企业生产经营过程中与企业成本有关的信息,成本会计提供的信息既具有管理会计信息的特征,也具有财务会计信息的特征。

管理会计的基本内容一般包括规划与决策会计、控制与评价会计。管理会计的最终目标是提高企业经济效益,实现企业价值最大化。管理会计具有预测、决策、规划、控制、考核的职能。

管理会计与财务会计是现代会计的两大分支,两者关系密切,既有联系又有区别。管理会计与财务会计的联系表现在:同属于现代企业会计的范畴、核算对象一致、相互分享部分信息、最终目标相同。管理会计与财务会计的区别表现在:会计主体不同、具体职能目标不同、约束条件不同、核算程序不同、核算方法不同、核算重点不同、信息精确度不同、核算信息特征不同、核算行为影响不同、核算时间不同、法律效力不同、实施程度不同。

项目训练

一、请结合相关资料,思考以下观点正确与否

锐风公司的小林刚从财务会计工作转入管理会计工作,她对管理会计知识不甚了解。以下是她对管理会计提出的个人观点:

1. 管理会计与财务会计的职能一样,主要是核算和监督。 (　　)
   A. 正确　　　　　　B. 错误

2. 管理会计和财务会计是截然分开的,无任何联系。 (　　)
   A. 正确　　　　　　B. 错误

3. 管理会计报告要在会计期末以报表的形式上报。 (　　)
   A. 正确　　　　　　B. 错误

4. 管理会计吸收了经济学、管理学和数学等方面的研究成果,在方法上灵活多样。
    (　　)
   A. 正确　　　　　　B. 错误

5. 贯穿管理会计的理论是本量利分析理论。 (　　)
   A 正确　　　　　　B. 错误

6. 管理会计服务于企业外部,受会计法规的约束。 (　　)
   A. 正确　　　　　　B. 错误

7. 管理会计的职能主要是满足企业各项管理职能的需要。 (　　)
   A. 正确　　　　　　B. 错误

8. 管理会计信息质量特征与财务会计的信息质量特征完全不同。 (　　)
   A. 正确　　　　　　B. 错误

9. 在提供管理会计信息时可以完全不用考虑成本效益原则。 (　　)
   A. 正确　　　　　　B. 错误

10. 一个管理会计师可以将手中掌握的信息资料随意提供给他人。 (　　)
    A. 正确　　　　　　B. 错误

11. 与财务会计相比,管理会计不能算是一个独立的职业,它的职业化发展受到限制。
    (　　)
    A. 正确　　　　　　B. 错误

二、请结合相关资料,判断以下问题

小汪是一个IT工程师,他将被提升为总经理助理。小汪很高兴,但是又不轻松,因为他掌握的会计知识很少,只自修过财务会计,对管理会计一无所知,而总经理告诉他管理会计在企业经营管理中很重要。管理会计和财务会计虽然同属一个会计体系,但在很多方面具有不同的特征。

1. 会计职能不同。（ ）
   A. 正确　　　　　　　　B. 错误
2. 工作面向的时间状态和时间跨度不同。（ ）
   A. 正确　　　　　　　　B. 错误
3. 会计准则不同。（ ）
   A. 正确　　　　　　　　B. 错误
4. 会计适用方法不同。（ ）
   A. 正确　　　　　　　　B. 错误
5. 行为影响客体不同。（ ）
   A. 正确　　　　　　　　B. 错误
6. 会计资料的精确程度不同。（ ）
   A. 正确　　　　　　　　B. 错误
7. 信息特征不同。（ ）
   A. 正确　　　　　　　　B. 错误
8. 会计过程履行程序不同。（ ）
   A. 正确　　　　　　　　B. 错误

三、请结合相关资料，回答以下问题

光芒集团总裁蒋星在《利用信息技术来改造传统企业，加速实现管理创新》中提到：原来我们比较熟悉的是财务会计。实际上，企业要想转型升级，获得继续发展，就要采取多种措施提升自身的管理水平，尤其是要加强企业的内部管理，而管理会计可以有效地提高内部管理水平。我不知道管理会计这个概念大家熟悉不熟悉，它有两个基本的职能。第一个是预算规划，第二个是控制评价。预算规划是对未来说的，控制评价是对当时说的，而财务会计是事后会计，是到月底做出整体的结算，我们实际上是把管理会计的预算与规划的哲理运用到我们的战略中去。我们的战略正好是利用计算机技术，来解决我们高度变化的市场和我们制定的相对比较稳定的目标和企业战略之间的矛盾……

1. 以下关于管理会计与财务会计的关系的表述中，正确的是(　　)。
   A. 同属现代会计，管理会计与财务会计源于同一母体，共同构成了现代企业会计系统的有机整体。两者相互依存、相互制约、相互补充
   B. 最终目标相同，管理会计与财务会计所处的工作环境相同，共同为实现企业和企业管理目标服务
   C. 相互分享部分信息，管理会计所需的许多资料来源于财务会计系统，其主要工作内容是对财务会计信息进行深加工和再利用，因而受到财务会计工作质量的约束；同时，管理会计信息有时也列作对外公开发表的范围
   D. 财务会计的改革有助于管理会计的发展
2. 计算机、区块链、人工智能等技术为管理会计的发展提供了条件，企业可以借助计算机解决企业目标和企业战略之间的矛盾。请结合本项目内容回答：类似于上述矛盾的

解决会促进管理会计向哪些领域发展？（ ）

  A. 预测经济前景

  B. 参与经济决策

  C. 记录经营数据

  D. 规划经营目标

  E. 控制经济过程

  F. 考核评价经营业绩

四、请结合相关资料，分析以下问题

华强集团在经营实践中，实施全过程、全方位核算，结合有效的分配机制，增强了全体员工的成本意识，提高了员工的工作积极性和创造性，有利于降低消耗和控制成本，经济效益有了明显的提高。其特点包括：

（一）实行即时库存管理，降低库存成本

华强集团采用先进的信息管理系统，实现零库存管理。华强集团通过加大对大数据及云计算等先进信息技术的投入，利用数据分析、数据挖掘、平台开放等手段，根据商品点击率来判断、分析客户的潜在消费需求，预测未来数天每种产品在各地的销量，将客户可能购买的产品提前运到当地的仓库。这种以预测销量为基础的库存管理模式，在保证正常经营活动的前提下，可以缩减商品库存量，降低库存成本。

（二）采用网络营销模式，压低经营成本

华强集团采用网络营销模式，通过网络平台展示商品和服务。客户在网上浏览并选购商品，生成订单来传达需求信息。这种依托网络的营销模式削减了商品销售渠道的层次和环节，在加快商品流通速度的同时，有效降低了经营成本。

第一，采用虚拟店铺的销售形式，极大地节约了租赁成本以及后续维修成本，规避了选址不佳及销路不畅等风险；采取直接从厂商处进货的方式，越过了批发商、中间商等环节，进一步降低了自身的经营成本。一般而言，没有门店租赁成本可以省去销售额的10%，没有批发环节可以省去销售额的20%，没有中间商可以省去销售额的20%，成本的降低直接体现在商品的价格中。

第二，网络营销模式的营销策略简便易行、精准有效。借助自身的互联网平台投放广告，华强集团及时、有效地将商品信息传达给客户，并利用促销专场、抢购活动以及送代金券等方式来激发客户的消费欲望。除此之外，"华强社区"和"百度贴吧"的搭建为客户与企业之间的交流提供了平台，有助于企业收集客户的反馈信息，更好地预测客户需求，实现精准营销。

根据上述资料，回答以下问题：

1. 互联网＋企业运用管理会计后的工作重点与以前有何区别？

2. 实地调查一家企业，了解管理会计与财务会计的区别和联系。

成本性态分析

学习目标

- **知识目标**

  了解成本性态的定义及其分类

  掌握固定成本、变动成本和混合成本的概念、特征

  能够运用高低点法、回归直线法进行成本性态分析

- **能力目标**

  能够按各种分类方法对成本进行分类

  能够结合某企业的生产特点,对成本按其性态进行分类

  能够结合某企业的生产特点,对混合成本进行分解

- **素质目标**

  具有从管理角度出发分析企业成本的能力

  具有思维和计算能力

学习导图

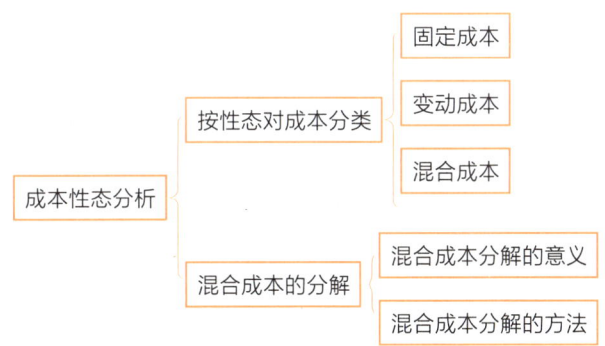

任务一 按性态对成本分类

任务初探

神州电器厂5月份投产一批新型电风扇,产量为800台,单位成本为360元。由于消费者对该型号电风扇不太了解,当月生产的电风扇70%没有销售出去,6月份的产量降为400台,而单位成本上升到403元,升幅超过10%。该厂厂长对电风扇生产车间的所有员工提出批评,并扣发了所有人的当月奖金。生产车间主任感到十分委屈,他向厂长提供了相关的生产数据,表明该车间6月份的实际成本比5月份还要低些。厂长因此质疑财务科提供的成本资料是否准确,但财务科科长提供了充足的证据,说明这些电风扇的单位成本信息是准确的。

任务启示

单位成本上升是因为产量下降导致每台电风扇承担的固定成本上升,而单位变动成本实际是下降的。通过本任务的学习,学生应了解管理会计将成本按性态分为固定成本、变动成本和混合成本,掌握各种成本的特点及相关范围。

任务重难点

成本按成本性态的分类
固定成本和变动成本的特点
识别企业案例中的固定成本、变动成本和混合成本

任务研习

成本是企业在生产经营过程中发生的各项耗费,是综合反映企业生产经营效益的一项重要经济指标。传统的财务会计按照经济职能把成本划分为制造成本和非制造成本两大类。但是,这种成本分类方法在成本管理中有明显的不足:没有将成本与企业的生产能力挂钩,不利于事前控制成本;无法体现出成本与业务量之间的变化关系,不利于企业根据市场销售情况进行生产决策。成本按经济职能的分类如图2-1所示。

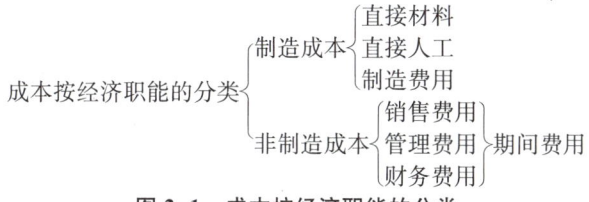

图2-1 成本按经济职能的分类

管理会计按成本性态将成本划分为固定成本、变动成本和混合成本三大类。成本性态也称成本习性,是指成本总额与业务量之间的依存关系。这里的业务量可以是产品的产量或销量,也可以是直接人工小时数或机器工时数。从成本性态来认识和分析成本,目的是揭示成本与业务量之间的规律性联系。

一、固定成本

(一) 固定成本的定义与特点

固定成本是在一定时期和一定业务量范围内,成本总额不受业务量增减变动的影响而保持固定不变的成本。例如,固定资产折旧、财产保险费、广告费、职工培训费等。固定成本总额不受业务量的影响,但随着业务量的增减变化,单位产品分摊的固定成本份额会呈反比例变动。

【例 2-1】 某公司生产 A 产品,其所需的加工设备按月计提的折旧费为 20 000 元。设备的最大生产能力为 2 000 件,则产量在 2 000 件内的变动对成本的影响如表 2-1 所示。

表 2-1 A 产品折旧费分摊计算表

产量(件)	折旧费(元)	单位产品折旧(元)
200	20 000	100
500	20 000	40
1 000	20 000	20
2 000	20 000	10

从表 2-1 可以看出,产量为 200~2 000 件时,其每月的折旧费不变,都是 20 000 元,如图 2-2 所示;单位产品所承担的折旧费却随着产量的增加而减少,如图 2-3 所示。

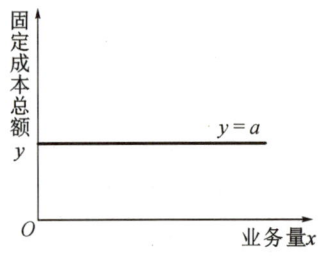

图 2-2 固定成本总额与业务量的关系

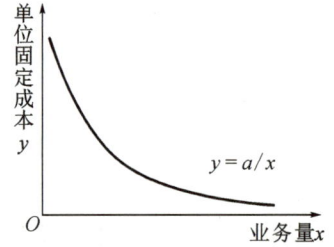

图 2-3 单位固定成本与业务量的关系

(二) 固定成本的相关范围

固定成本总额只有在一定时期和一定业务量范围内才是固定的,它的固定性是有条件的,是在一定相关范围内具有固定不变性。如果业务量的变动超过了这个范围,固定成本的特征也会发生改变。原因在于,当企业所要完成的业务量超过了现有生产能力,就需要扩大再生产、添置机器设备、增租厂房等,因而需要增加机器设备的折旧费、厂房租金等。这样,随着业务量的增加超过了一定的相关范围后,固定成本总额的不变性就会发生变化。因此,讨论固定成本总额与业务量之间的变动关系,必须在一定相关范围内进行。

(三) 固定成本的分类

固定成本按是否受管理当局短期决策行为的影响,可以进一步分为约束性固定成本和酌量性固定成本两类。

1. 约束性固定成本

约束性固定成本是指在日常经营活动中,企业管理当局短期决策行为很难控制并改变其数额的固定成本。这类成本与企业生产能力的形成和正常维持直接相关,如厂房和机器设备的折旧费、管理人员的薪资、保险费等。企业经营能力一旦形成,这类成本的数额在短期内是不能随意改变的,因而具有很强的约束性。

因此,在企业经营方向不变的前提下,要控制约束性固定成本,就必须从合理利用企业生产能力、提高产品产量、降低单位产品负担的固定成本入手。

2. 酌量性固定成本

酌量性固定成本是指在日常经营活动中,企业管理当局短期决策行为可以控制并改变其数额的固定成本,如新产品的开发费、广告费、职工培训费等。这类成本的发生可以因管理层的决策而作适当的调整,发生额的多少与增强企业的竞争力直接相关,但同企业的业务量并无直接联系。

因此,要控制酌量性固定成本,就必须从企业的实际需要出发,精打细算,厉行节约,在不影响企业既定的经营方针的前提下,降低其绝对支出额。

二、变动成本

(一) 变动成本的定义与特点

变动成本,是指在一定时期和一定业务量范围内,成本总额随业务量的变动呈正比例变动的成本,如直接材料、直接人工都是和单位产品的生产直接相联系,其总额会随着产量的增减呈正比例增减。假设产量增加3%,则变动成本总额也将增加3%。而在总成本随着产量呈正比例变动的同时,单位变动成本随产量的变动保持不变。

【例2-2】 某公司生产B产品,产量在一定范围内变动时对成本的影响如表2-2所示。

表2-2 B产品不同产量下的变动成本资料

产量(件)	变动成本总额(元)	单位变动成本(元)
100	500	5
200	1 000	5
300	1 500	5
400	2 000	5

从表2-2可以看出,产量为100~400件时,变动成本总额随着产量的变动呈正比例

变动,如图 2-4 所示;但无论产量如何变动,单位变动成本总是 5 元,如图 2-5 所示。

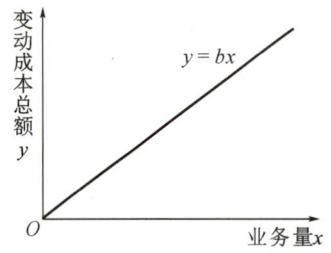 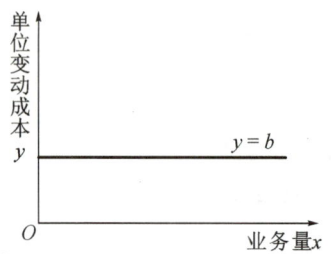

图 2-4　变动成本总额与业务量的关系　　图 2-5　单位变动成本与业务量的关系

(二) 变动成本的相关范围

变动成本的基本特性是有条件的,其条件表现为变动成本总额与产量之间呈正比例变动关系,即当产量增长到一定范围时,变动成本总额和业务量总数之间呈现出严格的、完全的线性关系,这个范围就称为变动成本的相关范围。

需要指出的是,变动成本总额随业务量变动呈正比例变动的这种完全的线性联系,只有在一定相关范围内存在;超出了相关范围,它们之间的联系则可能表现为非线性的。例如,当企业的产品产量比较小时,单位产品的材料和人工成本可能比较高,但当产量增加到一定程度时,由于可以更加经济合理地购料和利用工时,从而降低了单位产品的材料和工时消耗,在产量增长到一定程度时,变动成本总额就不会与产量呈完全的正比例变动关系。

(三) 变动成本的分类

变动成本可以根据其发生的原因分为技术性变动成本和酌量性变动成本。

技术性变动成本又称约束性变动成本,是指单位成本由技术因素决定的那部分变动成本,是企业管理当局的决策无法改变其支出数额的变动成本。例如,生产成本中主要受到设计方案影响的外购零部件成本,这类成本的实质是利用生产能力进行生产所必然发生的成本。

酌量性变动成本是指可以通过管理决策行动而改变的变动成本。例如,按销售收入的一定百分比支出的销售佣金,销售佣金计提的百分比即由经理所定。这类成本的显著特点是其单位变动成本的发生额可由企业最高管理层决定。

三、混合成本

混合成本是指介于固定成本和变动成本之间,同时包含固定成本与变动成本的特征,即随业务量变动又不成正比例变动的成本。例如,设备维修费、水电费、销售人员薪金和检验人员薪酬等。

混合成本根据具体的变动特征,可分为半变动成本、半固定成本、延期变动成本和曲线式混合成本四种类型。

(一) 半变动成本

半变动成本又称标准式混合成本。这类成本由两部分组成:一部分是一个固定基数,一般不变,类似于固定成本;另一部分是在此基数上随着业务量的增长而增加的成本,类似于变动成本。例如,企业需要缴纳的电话费、水电费,以及机器设备的维修保养费、销售人员的薪金等就属于半变动成本,因为这些费用中的一部分是基数,即不管本期是否使用或是否有业务量发生,都需要支付,属于固定成本的性质;另一部分则根据耗用量的多少或业务量的多少来计算,属于变动成本的性质。半变动成本模型如图2-6所示。

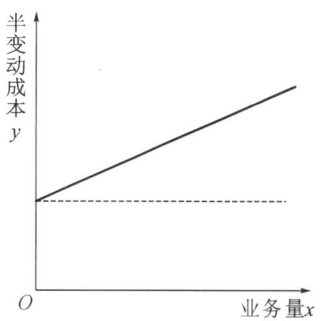

图2-6 半变动成本模型

(二)半固定成本

半固定成本又称阶梯式混合成本,这类成本的特点是在一定业务量范围内其发生额是固定的,但当业务量增长到一定限度,其发生额就突然跳跃到一个新的水平,在业务量增长的一定限度内,发生额又保持不变,直到另一个新的跳跃为止。在会计实务中,企业的化验员、运货员、检验员、保养工、领班等的工资,以及受班次影响的动力费、整车运输费等,都属于阶梯式混合成本。半固定成本模型如图2-7所示。

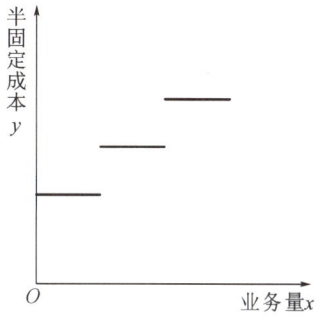

图2-7 半固定成本模型

(三)延期变动成本

延期变动成本又称低坡式混合成本。在一定的业务量范围内,其总额保持不变,一旦突破这一范围,其成本随业务量变动呈正比例变动。延期变动成本在特定业务量范围内与固定成本类似,超过特定业务量范围发生的成本则与变动成本类似。例如,在正常工作时间的情况下,企业支付给职工的工资是固定的,但发生加班后,就要根据加班时间的长短按比例支付职工加班费和津贴。这部分加班费和津贴则属于变动成本的性质。延期变动成本模型如图2-8所示。

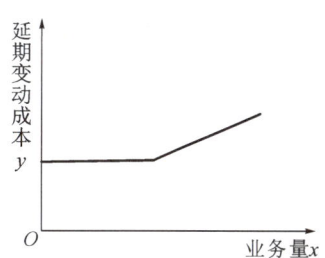

图2-8 延期变动成本模型

(四)曲线式混合成本

曲线式混合成本是指在没有业务量的情况下有一个初始量,当业务量发生时,成本总额随业务量的变化而变化,但不呈直线关系,而是呈曲线关系。按照斜率的不同变动趋势,这种曲线混合成本又可进一步细分为以下两种类型。

1. 递减型曲线式混合成本

递减型曲线式混合成本的特点是有一个初始成本值,随着业务量的增加,成本随之逐步增加,但是成本的增加速度慢于业务量的增加速度。例如,热处理的电炉设备,每班都需要预热,因预热而耗电的成本属于固定成本性质;预热后进行热处理的耗电成本,虽然随业务量的逐步增加也在上升,但上升的速度越来越慢,即上升速度是递减的。耗电成本与业务量不成正比例变动,而呈曲线关系。递减型曲线式混合成本模型如

图 2-9 所示。

2. 递增型曲线式混合成本

递增型曲线式混合成本的特点是有一个初始成本值,随业务量的增加,成本随之逐步增加,但是成本的增加速度快于业务量的增加速度。例如,企业不愿承担高额违约金,为赶在约定时间交货,超负荷生产。工人由于疲劳生产,产品的报废损失随着产量的增加越来越高,并且上升速度是递增的。递增型曲线式混合成本模型如图 2-10 所示。

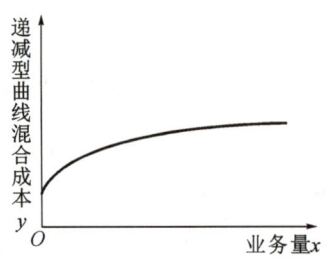
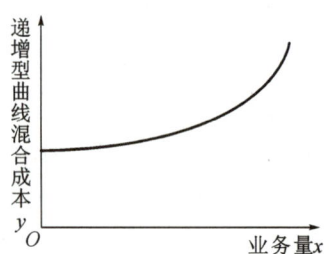

图 2-9　递减型曲线式混合成本模型　　图 2-10　递增型曲线式混合成本模型

课程思政

通过固定成本、变动成本的学习,明确大学生活中涉及的固定成本、变动成本有哪些?认识到只有通过提高业务量(提高学业水平),才能相对降低单位固定成本。

任务拓展

一、单项选择题

1. 将成本划分为固定成本、变动成本的依据是(　　)。
   A. 成本核算目标　　　　　　　B. 成本的可辨认性
   C. 成本的经济用途　　　　　　D. 成本性态

2. 在成本性态分析中,相关范围是指(　　)。
   A. 成本的变动范围　　　　　　B. 业务量的变动范围
   C. 时间的变动范围　　　　　　D. 市场容量的变动范围

3. 在管理会计中,标准式混合成本可以用直线方程 $y=a+bx$ 来模拟,其中 bx 表示(　　)。
   A. 单位变动成本　　　　　　　B. 固定成本
   C. 变动成本总额　　　　　　　D. 单位固定成本

4. 某企业每月生产零件数在3 000件以内时,需要质检员4名;在此基础上,每增加产量1 000件,需要增加1名质检员。此种情况下,质检员的工资成本属于(　　)。
   A. 阶梯式混合成本　　　　　　B. 曲线式混合成本
   C. 延伸变动成本　　　　　　　D. 以初始量为基础的半变动成本

5. 阶梯式混合成本又可称为(　　)。
   A. 半固定成本　　　　　　　　B. 半变动成本
   C. 延期变动成本　　　　　　　D. 曲线式成本

6. 通过企业管理当局的决策行动不能改变其数额的成本称为(　　)。
   A. 约束性固定成本　　　　　　B. 酌量性固定成本
   C. 半固定成本　　　　　　　　D. 半变动成本

二、多项选择题

1. 下列项目中,属于固定成本特点的有(　　)。
   A. 总额的不变性　　　　　　　B. 总额的正比例变动性
   C. 单位额的不变性　　　　　　D. 单位额的反比例变动性
   E. 单位额的变动性

2. 在相关范围内,变动成本应当具备的特征有(　　)。
   A. 总额的不变性　　　　　　　B. 总额的正比例变动性
   C. 单位额的不变性　　　　　　D. 单位额的变动性
   E. 单位额的反比例变动性

3. 下列各项中,一般应纳入变动成本的有(　　)。

A. 办公费 B. 计件工资
C. 管理人员工资 D. 直接材料
E. 车间租赁费

4. 下列各项中,属于固定成本的有(　　)。
A. 定期支付的广告费 B. 计件工资
C. 企业管理人员工资 D. 按直线法计提的折旧费
E. 按工作量法计提的折旧费

5. 某企业生产经营遇到了困难,想通过压缩成本的方式帮助企业度过困难时期。以下可以降低的成本有(　　)。
A. 仓库租金 B. 职工培训费
C. 设备折旧 D. 广告宣传费
E. 研发费 F. 财产保险费

三、判断题

1. 成本性态是成本总额与特定业务量在数量方面的依存关系。　　(　　)
2. 固定成本的固定性是恒定不变的。　　(　　)

四、主题讨论

财务会计是如何划分成本与费用的?与管理会计的成本划分方式有什么不同?

五、案例分析

根据任务初探中的案例,结合成本性态原理对此情况给予合理解释并回答下列问题:

1. 电风扇生产过程的成本项目中,哪些是变动成本?哪些是固定成本?
2. 单位变动成本与产量的关系如何?
3. 单位固定成本与产量的关系如何?

任务二　混合成本的分解

任务初探

某公司今年5月份发生下列成本费用：
(1) 构成产品实体的原材料费用；
(2) 销售人员的薪金；
(3) 车间管理人员的工资；
(4) 行政管理人员的工资；
(5) 生产设备按直线法计提的折旧；
(6) 广告费；
(7) 车间的水电费；
(8) 房屋租金；
(9) 外购半成品费用；
(10) 设备的维修费。

请判断以上各成本项目哪些是混合成本？这些混合成本是否能再被分解为固定成本和变动成本？

任务启示

混合成本介于固定成本和变动成本之间，同时包含固定成本与变动成本的特征，即当业务量发生变动时，其成本总额也发生变动，但和业务量之间不成正比例变动。为方便企业控制成本及短期经营决策，应该将混合成本分解为固定成本和变动成本。通过本任务的学习，学生应能够按照成本性态原理灵活运用高低点法、回归直线法对混合成本进行分解，为以后变动成本法和本量利分析法的学习奠定基础。

任务重难点

利用高低点法对混合成本进行分解
利用回归直线法对混合成本进行分解

任务研习

一、混合成本分解的意义

(一) 为采用变动成本法提供了前提条件

变动成本法所提供的有关信息对于企业的规划、决策和控制活动都有重要意义。而采用变动成本法的前提条件是企业在一定时期内发生的所有成本都能区分为变动成本和固定成本。所以,采用变动成本法必须进行混合成本的分解。混合成本分解的客观、科学与否直接影响变动成本法的应用效果。

(二) 是应用本量利分析法的基础

本量利分析法,即根据成本、业务量和利润之间的相互依存关系进行的各项分析,它是管理会计中广泛应用的基本分析方法。混合成本的分解便于明确成本与业务量的关系,也是本量利分析法应用的基础。

(三) 可直接用于成本预测和成本控制

一方面,成本性态分析为采用正确的成本控制方法提供了依据,一般来说,固定成本采用总额控制的方法,而变动成本的控制重点在于单位成本;另一方面,混合成本的分解为成本责任的归属提供了依据,对于生产的基层单位来说,大多数变动成本属于可控成本,而固定成本一般为较高层次的管理部门的可控成本。

二、混合成本分解的方法

混合成本分解的方法有很多,其中数学分解法的应用相对广泛。它是根据历史资料、采用数学方法分解混合成本的一种方法,因此又称历史资料分解法。以下探讨数学分解法中的高低点法、散布图法和回归直线法。

(一) 高低点法

高低点法是根据一定时期内的高低点业务量及其对应的混合成本资料,将混合成本分解为固定成本和变动成本的一种方法。

高低点法的基本步骤如下:

以 y 表示某项混合成本总额,x 表示业务量,a 表示混合成本中的固定成本,b 表示单位变动成本,各期的总成本或混合成本用成本性态模型 $y=a+bx$ 来表示。对若干期的历史资料进行分析,从中找出高低点业务量及相对应的总成本或混合成本,运用解析几何中的两点法公式,求出 a、b 两个参数,即可建立相应的成本模型。

a、b 可按下列公式计算:

$$b = \frac{最高点业务量的成本 - 最低点业务量的成本}{最高点业务量 - 最低点业务量}$$

$$a = 最高点业务量的成本 - 单位变动成本 \times 最高点业务量$$

或

$$a = 最低点业务量的成本 - 单位变动成本 \times 最低点业务量$$

【例 2-3】 已知甲企业只生产 A 产品,2×22 年全年发生的维修费和机器工时的资料如表 2-3 所示。

表 2-3　甲企业 A 产品机器工时和维修费

月份	机器工时 x（小时）	维修费用 y（元）
1	1 500	9 000
2	1 650	9 750
3	1 725	10 125
4	1 875	10 875
5	1 950	11 250
6	2 100	12 000
7	2 250	12 750
8	2 400	13 500
9	2 600	14 925
10	2 625	14 625
11	1 900	11 000
12	2 300	13 000

要求：请运用高低点法对维修成本进行分解。

根据表 2-3，业务量的最高点为 2 625 小时，对应的维修费为 14 625 元；最低点业务量为 1 500 小时，对应的维修费为 9 000 元。则：

$b = (14\,625 - 9\,000) \div (2\,625 - 1\,500) = 5$（元／小时）

$a = 14\,625 - 5 \times 2\,625 = 1\,500$（元）

或　$a = 9\,000 - 5 \times 1\,500 = 1\,500$（元）

则该项混合成本的分解公式为：

$y = 1\,500 + 5x$

（二）散布图法

散布图法是指将若干期业务量和成本的历史数据标注在坐标上，通过目测画一条尽可能接近所有坐标点的直线，并据此来推算固定成本和单位变动成本的一种成本性态分析方法。

散布图法的基本步骤如下：

（1）标出散布点。以业务量为 x 轴，成本为 y 轴，建立坐标系，将过去一定时期内的业务量及其相应的成本数据在坐标上标出，形成散布图。

（2）画出趋势直线。用目测法在散布图上各点之间画出一条反映成本变动的趋势直线，直线与 y 轴相交，如图 2-11 所示。

（3）确定固定成本总额 a。趋势直线对 y 轴的截距为固定成本总额 a。

（4）确定单位变动成本 b。该直线的斜率即单位变动成本

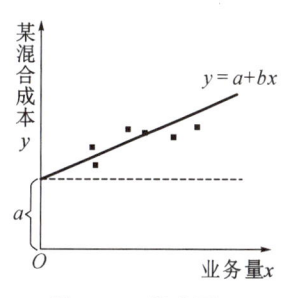

图 2-11　散布图

b，代入 a 和直线上任意一点求出 b。

(三) 回归直线法

回归直线法亦称最小二乘法或最小平方法，它是根据若干期业务量和成本的历史资料，运用最小平方法原理计算固定成本 a（或混合成本中的固定部分）和单位变动成本 b（或混合成本中变动部分的单位额）的一种成本性态分析方法。

回归直线法的基本步骤如下：

(1) 根据历史资料列表，求 n、$\sum x$、$\sum y$、$\sum xy$、$\sum x^2$、$\sum y^2$ 的值。

(2) 计算相关系数，并据此判断 y 与 x 之间是否存在必要的线性关系。回归直线法要求业务量与成本之间基本保持线性关系，即 r 趋于 1 或 $r=1$ 皆可。

(3) 计算 b、a 值：

$$b = \frac{n\sum xy - \sum x \sum y}{n\sum x^2 - (\sum x)^2}$$

$$a = \frac{\sum y - b\sum x}{n}$$

(4) 建立成本性态模型：

$$y = a + bx$$

【例 2-4】某企业生产的甲产品 1~6 月份的产量及混合成本资料如表 2-4 所示。

表 2-4 某企业上半年产量和某项混合成本资料

月份	产量 x（万件）	混合成本 y（万元）
1	6	110
2	8	115
3	4	85
4	7	105
5	9	120
6	5	95

根据表 2-4 资料计算出有关数据，如表 2-5 所示。

表 2-5 回归分析数据计算表

月份	产量 x（万件）	混合成本 y（万元）	xy	x^2	y^2
1	6	110	660	36	12 100
2	8	115	920	64	13 225
3	4	85	340	16	7 225
4	7	105	735	49	11 025

(续表)

月份	产量 x(万件)	混合成本 y(万元)	xy	x^2	y^2
5	9	120	1 080	81	14 400
6	5	95	475	25	9 025
合计	39	630	4 210	271	67 000

将表 2-5 的数据代入公式得：

$$b = \frac{n\sum xy - \sum x \sum y}{n\sum x^2 - (\sum x)^2} = 6.57(万元/万件) = 6.57(元/件)$$

$$a = \frac{\sum y - b\sum x}{n} = 62.3(万元) = 623\,000(元)$$

将 $a = 623\,000, b = 6.57$ 代入回归直线方程，求得：

$$y = 623\,000 + 6.57x$$

课程思政

高低点法是用两个点代表了所有点，分析结果会存在一定的片面性；而回归直线法的计算过程更加复杂，但结果也相对准确。运用复杂的计算方法，能得到相对准确的结果，说明一分耕耘一分收获的道理。

任务拓展

一、案例分析

1. 某加油站每季度的吞吐量和维修费如表 2-6 所示。

表 2-6　某加油站季度吞吐量和维修费

序号	项目	吞吐量 X(千吨)	维修费用 Y(千元)
1	2×17 年第一季度	75.6	76.3
2	2×17 年第二季度	64.4	71
3	2×17 年第三季度	58.8	68.5
4	2×17 年第四季度	81.2	79.2
5	2×18 年第一季度	86.4	80.3
6	2×18 年第二季度	73.6	74.7
7	2×18 年第三季度	67.2	72.1
8	2×18 年第四季度	92.8	83.6
9	2×19 年第一季度	97.2	85.6
10	2×19 年第二季度	82.8	79.1
11	2×19 年第三季度	75.6	75.4
12	2×19 年第四季度	104.4	88.8

(1) 用高低点法对维修费进行成本性态分析,并运用 Excel 进行高低点法练习。

(2) 用回归直线法对维修费进行成本性态分析,并运用 Excel 进行回归直线法练习。

(3) 比较高低点法与回归直线法的优缺点。

2. 信华发电厂 2×22 年上半年车间维修费数据如表 2-7 所示。

表 2-7　信华发电厂 2×22 年上半年车间维修费

月份	机器工作(千机时)	维修成本(元)
1	6	100
2	8	105
3	4	75
4	7	95
5	9	110
6	5	90

请分别运用高低点法和回归直线法将维修成本分解为变动成本和固定成本。

项目小结

成本按经济职能分为制造成本和非制造成本。制造成本是财务会计进行成本核算的基础,而成本性态分类是管理会计决策管理的依据。

成本性态又称为成本习性,是指在一定条件下成本总额与业务量之间的依存关系。业务量一般是指生产量或销售量。一定条件是指在一定时间和业务量范围内,在此范围内不会改变成本总额与业务量的依存关系。

变动成本是指在一定时期和一定业务量范围内,成本总额随业务量的变动呈正比例变动的成本,但单位变动成本随产量的变动保持不变。变动成本可以根据其发生的原因分为技术性变动成本和酌量性变动成本。

固定成本是在一定时期和一定业务量范围内,成本总额不受业务量增减变动的影响而保持固定不变的成本。固定成本总额不受业务量的影响,但随着业务量的增减变化,单位产品分摊的固定成本的份额会呈反比例变动。固定成本按是否受管理当局短期决策行为的影响,可以进一步分为约束性固定成本和酌量性固定成本两类。

混合成本是指介于固定成本和变动成本之间,既随业务量变动又不成正比例变动的成本。混合成本根据具体的变动特征,可分为半变动成本、半固定成本、延期变动成本和曲线式混合成本四种类型。

按成本性态分类,成本习性模型可表示为:$y=a+bx$。

常用的成本性态分解方法有高低点法、散布图法和回归直线法等。

项目训练

一、请结合相关资料,作出判断及解答

蒂芬尼女鞋公司创立于20×7年,是万百度国际旗下品牌,至2×13年年底全国已有超过500家店。蒂芬尼品牌定位于"新感觉""新时尚",代表着年轻、活力和青春。蒂芬尼定位于做中国的国际化品牌,每款产品都体现了蒂芬尼的时尚风格特点。

5月份蒂芬尼女鞋公司生产的高跟鞋出现了销售量的下滑,为了减少库存,少占用资金,公司经理将6月份的产量调整为5月份的一半,即为200双。在5月份产量是400双时,每双鞋的成本为75元。6月份的产量为200双,每双鞋的成本为90元,成本增长20%。经理认为这是成本管理不严造成的结果,提出要对车间负责人和相关的生产人员给予处罚。但车间主任提供了一系列的成本资料,认为不是成本增加了,而是成本降低了,在材料消耗和人工费用等变动成本方面已经下降了10元/双,应该给予奖励才对。

要求:

1. 生产中的固定成本总额为_____(元)。
2. 5月份生产每双皮鞋的变动成本是_____(元)。
3. 6月份生产每双皮鞋的变动成本是_____(元)。
4. 你觉得应该给予奖励还是惩罚呢?(   )

   A. 奖励   B. 处罚

二、根据背景资料,进行相应方法的分析

秋准儿童用品厂是一家专业生产儿童自行车的生产商,秋准儿童用品厂全体员工信奉"诚实守信"的精神,用自己真诚的服务同天下所有的客户共同创造美好的未来。秋准儿童用品厂只生产一种产品,每个月的最大生产能力为200件,市场容量为250件。长期以来,该公司的张会计在进行成本性态分析时都按以下程序进行,即:对各期总成本先按成本性态进行分类,将其分为固定成本、变动成本和混合成本三大类,再对混合成本按高低点法进行分解。

1. 已知2×20年2月份的产销量最低,为100件,当月总成本为82 500元,按其性态分类的结果为:固定成本为60 000元,变动成本为10 000元,其余为混合成本。10月份的产销量最高,为200件,当月总成本为95 000元,当年企业的产销量始终在相关范围内变动。

该公司的老会计人员张会计采用的分析步骤与方法如下:

(1) 计算2月份的混合成本为_____(元)。
(2) 确定10月份的固定成本为_____(元)。
(3) 确定2月份的单位变动成本为_____(元)。
(4) 确定10月份的变动成本为_____(元)。
(5) 推算出10月份的混合成本为_____(元)。

(6) 确定高低点坐标：高点(　　)，低点(　　)。

(7) 计算混合成本中变动部分的单位额为_____(元/件)。

(8) 计算混合成本中的固定部分为_____(元)。

(9) 据此建立的该公司每个月的混合成本性态模型为_____。

(10) 张会计最终建立的总成本性态模型为_____。

2. 小李是20×5年10月底才进入该公司的会计人员。他在评价张会计采用的方法时，发现不必每次都先进行成本分类再进行混合成本分解。他建议以总成本为分析对象，直接应用高低点法，同样可以达到成本性态分析的目的。

小李采用的程序和方法如下：

(1) 确定高低点坐标，此时的成本指标为总成本。仍以10月份和2月份的历史资料来确定高低点的坐标，结果为：高点(　　，　　)和低点(　　，　　)。

(2) 直接套公式计算单位变动成本 b 为_____(元/件)。

(3) 计算固定成本总额 $a=$ 低点总成本 $-b\times$ 低点业务量 $=$ _____(元)。

(4) 小李所建立的总成本性态模型为_____。

三、请结合相关资料，分解列示成本性态模型(计算过程保留完整小数位数，计算结果除不尽保留2位小数)

精创医疗器械有限公司(以下简称精创医疗)是一家面向全球提供医用推车服务的公司。精创医疗创立于2008年，注册资金2 000万元，产品涵盖医院信息化推车、ABS医用推车、不锈钢医用推车、医用橱柜等两百多个品种，并畅销全国各地，出口欧美、东南亚、中东、非洲等地区。10年来，精创医疗保持医疗护理器械领域的优势，不断推陈出新，并将业务扩展到医院病房、手术室、供应室、门诊等医疗空间。同时，精创医疗还大力拓展智慧医疗的无缝衔接，构建医院信息化终端的互通互联。精创医疗追求产品的内外兼修，将功能性、美感和创新技术融入制造流程的每一个细节，以完美主义的工匠精神，把极致体验的价值观赋予产品，开创了医疗护理的新时代。未来，精创医疗将以更加成熟和稳健的步伐，担负起对用户和社会的责任，为人类的健康事业作出力所能及的贡献。

为了进行2022年度的预算，精创医疗管理层特授意下属人员搜集了2021年前两个季度的制造费用和产量资料，其首席会计师认为只有充分了解制造费用中的固定成本和变动成本的构成，才能够准确地估算来年的成本费用，制造费用的变动和产量的变动是密不可分的。其所搜集到的资料如表2-8所示。

表2-8 精创医疗2022年1～6月制造费用

月份	产量(件)	制造费用金额(元)
1	400	30 000
2	200	20 000
3	300	28 000
4	500	40 000
5	400	32 000

(续表)

月份	产量(件)	制造费用金额(元)
6	600	44 000
合计	2 400	194 000

要求：按回归直线法建立成本性态数学模型，对精创医疗的制造费用进行分解，成本性态模型为_____。

四、请结合相关资料，解决以下问题（建立模型参照：因变量以 y 表示，自变量以 x 表示。计算过程保留完整小数位数，计算结果除不尽保留 4 位小数）

费尔班克是杰明尼山顶度假村的总裁和 CEO，他正为度假村的能源成本而担忧。杰明尼山顶度假村是能源密集型企业，主要是因为其滑雪景点的大部分冬雪都是依靠电力机器制造出来的。在过去几年中，节约用电运动使得电力消耗下降了25%。但度假村每年仍然会消耗750万度电。

费尔班克从事滑雪度假行业多年。他知道，在杰明尼山顶上，冬天的风很大。他决定安装一台风力发电机，将山顶上的风力投入盈利性和环保性使用，并帮助度假村解决其电力成本的问题。此外，这样做也符合杰明尼山顶度假村的公司使命：保护环境，并采用"绿色营销"，希望能够吸引更多游客来到这里。这项可行性研究的范围，包括该风力发电项目涉及的财务、技术、社会和环境等各个方面。

假设你是该风力发电项目可行性研究小组的带头人，负责编写一份电费分析报告，并和小组成员将归纳研究的结果向杰明尼山顶度假村管理层提出意见。

经测算，在改为风力发电前，旅客的数量和度假村的电费支出之间存在着某种联系。杰明尼山顶度假村年度的电费支出及游客数量如表2-9所示。

表2-9 游客数量和电费资料

月份	游客数量(万人)	电费(万美元)
1	350	1 085
2	420	1 100
3	500	1 500
4	440	1 205
5	430	1 200
6	380	1 100
7	330	1 090
8	410	1 280
9	470	1 400
10	380	1 210
11	300	1 080
12	400	1 230

要求：

1. 用高低点法对混合成本进行分解，成本性态模型为_____。
2. 用回归直线法对混合成本进行分解，成本性态模型为_____。

项目三 变动成本法应用

学习目标

- **知识目标**

  了解变动成本法与完全成本法的含义

  熟悉变动成本法与完全成本法的特点

  熟悉变动成本法与完全成本法的区别

- **能力目标**

  能够用两种成本计算法进行成本的计算、利润表的编制

  能够分析两种成本计算法下税前利润产生差异的原因

- **素质目标**

  具有缜密的计算分析能力

  具有全面思考及对比分析的能力

学习导图

变动成本法应用
- 变动成本法基础认知
  - 变动成本法概述
  - 比较变动成本法与完全成本法的特点
  - 比较变动成本法与完全成本法的计算
- 变动成本法的评价及应用
  - 变动成本法的优点
  - 变动成本法的缺点
  - 变动成本法与完全成本法的结合应用

任务一　变动成本法基础认知

任务初探

甲工艺制品有限公司宣布业绩考核报告后,第二车间主任杨晓林情绪低落。原来,杨晓林自担任第二车间主任以来,积极开展降低成本活动,严格监控成本支出,考核却没有完成责任任务,这严重挫伤了他的工作积极性。财务负责人了解情况后,召集有关成本核算人员查找原因。

甲工艺制品有限公司自2014年成立以来,一向"重质量、守信用",在同行中经济效益较好,管理水平较高。近期,该公司决定实行全员责任制,以便创造更佳的经济效益。该公司根据最近三年的实际成本资料,制定了如下成本控制方法。

材料消耗实行定额管理。产品耗用优质木材,单件定额6元;工人工资实行计件工资,计件单价3元;在制作过程中需用专用刻刀,每件工艺品限领1把,单价1.3元;劳保手套每生产10件工艺品领用1副,单价1元。

考核当月,固定资产折旧费8 200元,营销和办公费800元,保险费500元,租赁仓库费500元,当期计划产量为5 000件。

第二车间根据当月订单组织生产了2 500件,第二车间主任杨晓林充分调动生产人员的工作积极性,改善加工工艺,严把质量关,杜绝了废品,最终使材料消耗由定额的每件6元降低到每件4.5元;领用专用刻刀2 400把,合计3 120元。在业绩考核中,第二车间没有完成责任任务,这是令人困惑的结果。

任务启示

产品成本计算有两种方法,即完全成本法和变动成本法。完全成本法所提供的会计信息可以揭示外界公认的成本,广泛被外界所接受。变动成本法能够满足强化企业内部管理的要求,有助于加强成本管理,它是实行成本责任管理的基础。采用变动成本法,有助于将固定成本和变动成本指标分解落实到各个责任单位,分清各部门的责任。就该案例而言,第二车间主任杨晓林的责任成本应是产品的变动生产成本部分,该公司在改变成本管理模式——实行成本责任管理来确认和考核杨晓林的责任成本时,应采用变动成本法。

通过本任务的学习,学生应了解变动成本法和完全成本法的特点,掌握变动成本法和完全成本法计算利润的方法。

任务重难点

变动成本法与完全成本法的特点

变动成本法与完全成本法的利润计算

变动成本法与完全成本法利润差异的分析

任务研习

一、变动成本法概述

（一）变动成本法的概念

变动成本法是指在组织常规的产品成本计算过程中，以成本性态分析为前提，只将变动生产成本作为产品成本的构成内容，而将固定生产成本及非生产成本作为期间成本的一种成本计算方法，并按贡献式损益确定程序计量损益的一种成本计算模式。

（二）变动成本法的理论前提

1. 产品成本只是随产品产量增减而增减的变动生产成本

在管理会计中，产品成本是指随产品实体流动，当产品实现销售时才能与其相关收入实现配比、得以补偿的成本。在产品生产过程中消耗的直接材料、直接人工和变动性制造费用具有两个特点：①它们构成产品的实体，在产品生产过程中是不可避免的开支；②它们在产品完工以后不会再度发生。而固定生产成本，即固定性制造费用虽是生产产品有关的费用，但它不构成产品的实体，且不都是绝对不可避免的开支。它主要是用于形成企业的基本生产能力，与产品产量没有直接的联系，不管企业预期生产多少产品，这部分成本也要发生，而且数额不变，如房屋、设备的折旧等。所以，固定生产成本不应计入产品成本。

2. 固定性制造费用应作为期间成本处理

在管理会计中，期间成本是指当期发生并计入当期损益且由当期收入补偿的成本。由于固定性制造费用在相关范围内，其发生额与产品产量没有直接关系，只是定期地创造了可供企业利用的生产能力，固定性制造费用应当与非生产成本一样作为期间成本处理。

二、比较变动成本法与完全成本法的特点

（一）应用的前提不同

应用变动成本法，首先要求进行成本性态分析，即把全部成本划分为变动成本和固定成本两大部分。混合成本性质的制造费用，按业务量分解为变动性制造费用和固定性制造费用；混合成本性质的销售及管理费用，则按业务量分解为变动销售及管理费用和固定销售及管理费用。

完全成本法要求把全部成本按其发生的领域或经济用途分为生产成本和非生产成本。凡在生产领域中为生产产品而发生的成本都应归属于生产成本；发生在流通领域和服务领域由于组织日常销售或进行日常行政管理而发生的成本则属于非生产成本。

（二）产品成本及期间成本的构成不同

在变动成本法下，产品成本全部由变动生产成本构成，包括：直接材料、直接人工和变

动性制造费用;期间成本由固定性制造费用、管理费用(含固定性管理费用和变动性管理费用)、销售费用(含固定性销售费用和变动性销售费用)、财务费用(一般均为固定性财务费用)构成。

在完全成本法下,产品成本包括全部生产成本,即直接材料、直接人工和制造费用,期间费用则包含全部非生产成本。上述区别如表3-1所示。

表3-1 两种成本计算法下产品成本构成

项目	变动成本法	完全成本法
产品成本构成不同	变动生产成本 { 直接材料 直接人工 变动性制造费用	全部生产成本 { 直接材料 直接人工 变动性制造费用 固定性制造费用
期间费用构成不同	固定性制造费用 管理费用 销售费用 财务费用	管理费用 销售费用 财务费用

【例3-1】 甲企业只生产经营一种产品,2×22年开始投产,当年生产量5 000件,销售量为4 000件,期末存货为1 000件,销售单价为100元。当期发生的有关成本资料如表3-2所示。

表3-2 有关成本资料   单位:元

成本项目	直接材料	直接人工	制造费用	销售费用	管理费用	财务费用
变动性	50 000	30 000	10 000	8 000	4 000	
固定性			30 000	10 000	25 000	5 000
总额	50 000	30 000	40 000	18 000	29 000	5 000

要求:请分别按变动成本法和完全成本法计算当期发生的产品成本和期间成本。
在变动成本法下:
本期产品成本合计=50 000+30 000+10 000=90 000(元)
单位产品成本=90 000÷5 000=18(元/件)
期间成本=30 000+18 000+29 000+5 000=82 000(元)
在完全成本法下:
本期产品成本合计=50 000+30 000+40 000=120 000(元)
单位产品成本=120 000÷5 000=24(元/件)
期间成本=18 000+29 000+5 000=52 000(元)

计算表明:按变动成本法确定的产品成本总额和单位产品成本比完全成本法的相应数值要低,而其期间成本高于完全成本法下计算的数值。这种差异的原因在于两者对固定性制造费用的处理不同。

(三) 存货水平不同

由于两种成本计算法对产品成本有着不同的认识,在确定产成品、在产品等存货成本的构成内容方面,即存货的估价方面也存在区别。在变动成本法下,存货中仅包括变动生产成本,不包括固定性制造费用。而在完全成本法下,存货成本中不仅包括变动生产成本,还包含一部分固定性制造费用。因此,完全成本法下确定的存货金额要高于变动成本法下确定的存货金额。

【例 3-2】 承[例 3-1]提供的资料。

要求:请分别按变动成本法和完全成本法计算产品的期末存货成本。

在变动成本法下:

期末存货成本＝18×1 000＝18 000(元)

在完全成本法下:

期末存货成本＝24×1 000＝24 000(元)

(四) 销货成本计算公式不同

在变动成本法下,由于销货成本全部是由变动生产成本构成的,固定性制造费用作为期间成本直接计入期间损益,没有转化为销货成本或存货成本。所以,销货成本直接按下式计算:

$$本期销货成本＝单位变动生产成本×本期销售量$$

在完全成本法下,因为固定性制造费用计入产品成本,所以有期末存货时,本期发生的固定性制造费用需要在本期销货和期末存货之间分配,导致一部分固定性制造费用作为销货成本计入本期利润表,另一部分固定性制造费用则随期末存货递延到以后期间,这必然导致两种成本方法所确定的销货成本不同。

在完全成本法下,一般按以下公式计算销货成本:

$$本期销货成本＝期初存货成本＋本期生产成本－期末存货成本$$

(五) 适用性不同

变动成本法是适应企业加强内部经营管理的需要,对成本进行规划和日常控制而产生的,它主要适用于管理会计系统用来编制企业的内部报表,为内部管理提供有用的信息。而完全成本法是传统的成本计算法,主要依据公认会计原则汇集和分配企业一定时期所发生的生产成本,计算和确定产品成本和存货成本,它主要适用于财务会计系统编制对外的财务报表。

(六) 损益确定程序及结果不同

(1) 采用变动成本法计算期间损益,先以当期的销售收入减去全部变动成本计算出边际贡献,再从边际贡献中扣除固定成本计算出当期利润。变动成本法下计算的利润,是在成本按其性态分类的前提下,计算贡献式利润。其计算公式如下:

$$边际贡献 = 销售收入 - 变动成本$$
$$税前利润 = 边际贡献 - 固定成本$$

其中：

① 变动成本包括变动生产成本和变动非生产成本两部分。

$$变动成本 = 变动生产成本 + 变动非生产成本$$
$$变动生产成本 = 按变动成本法计算的本期销货成本$$

② 固定成本包括固定生产成本和固定非生产成本。

$$固定成本 = 固定生产成本 + 固定非生产成本$$
$$= 固定制造费用 + 固定销售及管理费用 + 固定财务费用$$

（2）采用完全成本法计算期间损益，先以当期的销售收入减去销货成本计算出销售毛利，再从销售毛利中扣除期间费用计算出当期利润。完全成本法下计算的利润，是在成本按其职能分类的前提下，计算职能式利润。其计算公式如下：

$$销售毛利 = 销售收入 - 销货成本$$
$$税前利润 = 销售毛利 - 期间费用$$

其中：

① 销货成本是指本期销售产品的生产成本，包括变动生产成本和固定制造费用。只要是本期销售的，无论是上期生产的产品还是本期生产的产品，均应计入销货成本。

$$销货成本 = 期初存货成本 + 本期生产成本 - 期末存货成本$$

② 期间费用只包括本期发生的非生产成本。

$$期间费用 = 销售费用 + 管理费用 + 财务费用$$

三、比较变动成本法与完全成本法的计算

(一) 成本计算比较

由于变动成本法和完全成本法的理论依据不同，两种方法的产品成本构成内容及期末存货成本水平不同。以下举例说明两种成本计算法下有关产品成本和期末存货成本的计算。

【例 3-3】 假设 A 公司生产甲产品，2×22 年度生产 2 000 件，每件直接材料 5 元、直接人工 4 元、变动制造费用 3 元，固定制造费用全年共 15 000 元。下面分别采用变动成本法和完全成本法进行产品成本的计算。具体计算如表 3-3 所示。

表 3-3　产品成本计算单　　　　　　　　　　　　　　　　　　　单位：元

成本项目	变动成本法		完全成本法	
	总成本	单位成本	总成本	单位成本
直接材料	10 000	5	10 000	5

(续表)

成本项目	变动成本法		完全成本法	
	总成本	单位成本	总成本	单位成本
直接人工	8 000	4	8 000	4
变动制造费用	6 000	3	6 000	3
变动生产成本	24 000	12	24 000	12
固定制造费用			15 000	7.5
全部生产成本	24 000	12	39 000	19.5

表 3-3 表明，A 公司如果采用变动成本法计算，产品单位成本为 12 元，固定制造费用 15 000 元全额列入利润表内从边际贡献总额中扣除，不由产品负担；如果其采用完全成本法计算，产品单位成本为 19.5 元。

【例 3-4】 承[例 3-3]，假设 A 公司期末没有在产品存货，但有产成品存货 400 件。分别采用变动成本法和完全成本法对期末产成品存货进行估价。具体计算如表 3-4 所示。

表 3-4 产成品期末存货成本计算表 金额单位：元

项目	变动成本法	完全成本法
单位产品成本	12	19.5
存货数量（件）	400	400
存货成本	4 800	7 800

表 3-4 表明，完全成本法下的存货估价高于变动成本法下的存货估价 3 000 元，原因是完全成本法下的存货成本包括一部分固定制造费用，而变动成本法下的存货成本则不包括固定制造费用。

(二) 损益计算比较

由于两种成本法下损益的计算方式和固定制造费用的处理方法不同，分期损益的计算结果也存在较大的差别。以下分情况进行介绍。

1. 同一年度产销平衡情况下两种成本法计算的税前利润

【例 3-5】 假定 A 公司 2×22 年度生产和销售甲产品 2 000 件，期初、期末无存货。甲产品单位售价为 30 元，单位变动生产成本为 12 元，固定制造费用总额为 15 000 元。全部固定销售及管理费用为 3 000 元，单位产品变动销售及管理费用为 1 元。分别按两种成本法编制 A 公司 2×22 年度的利润表。（不考虑财务费用）

根据以上资料按两种成本法编制利润表，如表 3-5 所示。

表 3-5　2×22 年度利润表 1　　　　　　　　　　　　　　　　　　　　单位：元

变动成本法（贡献式）		完全成本法（职能式）	
摘要	金额	摘要	金额
销售收入(2 000×30)	60 000	销售收入(2 000×30)	60 000
变动成本：		销售产品生产成本：	
变动生产成本(2 000×12)	24 000	期初存货成本	0
变动销售及管理费用(2 000×1)	2 000	加：本期生产成本(19.5×2 000)	39 000
		减：期末存货成本	0
变动成本合计	26 000	销售产品生产成本合计	39 000
边际贡献	34 000	销售毛利	21 000
减：固定成本		减：销售及管理费用(3 000+2 000×1)	5 000
固定制造费用	15 000		
固定销售及管理费用	3 000		
固定成本合计	18 000		
税前利润	16 000	税前利润	16 000

表 3-5 表明，当本期产销量平衡时，在没有期初、期末存货成本的情况下，两种成本法计算的税前利润是相等的。

2. 同一年度产销不平衡情况下两种成本法计算的税前利润

【例 3-6】　承[例 3-5]，若 A 公司 2×22 年度的销售量为 1 500 件或 2 400 件，其他有关资料不变。分别根据两种销售量按两种成本法编制利润表。

根据相关资料按两种成本法编制利润表，如表 3-6 所示。

表 3-6　2×22 年度利润表 2　　　　　　　　　　　　　　　　　　　　单位：元

变动成本法			完全成本法		
摘要	金额		摘要	金额	
	产＞销 2 000＞1 500	产＜销 2 000＜2 400		产＞销 2 000＞1 500	产＜销 2 000＜2 400
销售收入	45 000	72 000	销售收入	45 000	72 000
变动成本：			销售产品生产成本：		
变动生产成本	18 000	28 800	期初存货成本	0	7 800 *
变动销售及管理费用	1 500	2 400	加：本期生产成本	39 000	39 000
			减：期末存货成本	9 750	0
边际贡献	25 500	40 800	销售毛利	15 750	25 200
减：固定成本			减：销售及管理费用	4 500	5 400
固定制造费用	15 000	15 000			

(续表)

	变动成本法		完全成本法		
固定销售及管理费用	3 000	3 000			
税前利润	7 500	22 800	税前利润	11 250	19 800

注：*表示当本期生产量＜本期销售量时，说明有期初存货。假设期初存货量为400件，期初存货的单位成本与本期生产产品的单位成本相同，即19.5元，则期初存货成本为7 800元(19.5×400)。

表3-6表明：

(1) 当生产量大于销售量时，按变动成本法确定的本期税前利润要小于按完全成本法确定的税前利润，差额为3 750元。其原因在于：完全成本法下每件期末存货成本中包含7.5元固定制造费用，这样，期末500件存货共吸收了3 750元(7.5×500)的固定制造费用，这些费用随存货结转到下一年度；而在变动成本法下，固定成本全部由本年度负担，无须结转到下一年度，两者比较，势必出现3 750元的税前利润差额。

(2) 当生产量小于销售量时，按变动成本法确定的本期税前利润要大于按完全成本法确定的税前利润，差额为3 000元。其原因在于：两种成本法对上一年度结转的400件存货进行了不同的计价，完全成本法以19.5元结转单位存货成本，变动成本法则只按12元结转单位存货成本，两者相差7.5元(单位固定制造费用)，因此其差额为3 000元(7.5×400)。

3. 跨年度产销不平衡情况下两种成本法计算的税前利润

1) 产量不变，销量变动

【例3-7】 A公司于2×20—2×22年三个会计年度连续生产和销售甲产品，年生产量均为5 000件，年销售量分别为5 000件、4 000件和6 000件。若甲产品售价为15元，单位变动生产成本为5元，固定制造费用总额为25 000元，全年固定销售及管理费用为15 000元。按两种成本法编制A公司连续三个会计年度的利润表。

根据上述资料采用两种成本法编制利润表，如表3-7所示。

表3-7　2×20—2×22年度利润表1　　　　　　　　　　　　　单位：元

变动成本法				完全成本法			
摘要	金额			摘要	金额		
	2×20年	2×21年	2×22年		2×20年	2×21年	2×22年
销售收入	75 000	60 000	90 000	销售收入	75 000	60 000	90 000
变动成本：				销售产品生产成本：			
变动生产成本	25 000	20 000	30 000	期初存货成本	0	0	10 000
变动销售及管理费用	0	0	0	加：本期生产成本	50 000	50 000	50 000
				减：期末存货成本	0	10 000	0
边际贡献	50 000	40 000	60 000	销售毛利	25 000	20 000	30 000

(续表)

变动成本法				完全成本法			
减：固定成本				减：销售及管理费用	15 000	15 000	15 000
固定制造费用	25 000	25 000	25 000				
固定销售及管理费用	15 000	15 000	15 000				
税前利润	10 000	0	20 000	税前利润	10 000	5 000	15 000
三年税前利润合计		30 000		三年税前利润合计		30 000	

由表3-7可知：

(1) 2×20年的税前利润，两种成本法所计算的结果相同，原因在于产销平衡。

(2) 2×21年的税前利润，完全成本法计算的结果较变动成本法计算的结果高5 000元。其原因在于该年度甲产品的生产量大于销售量，使存货增加1 000件，而每件存货的成本按完全成本法比按变动成本法高出5元（单位固定制造费用的数额）。因此，在完全成本法下，1 000件期末存货中包含的固定成本5 000元（5×1 000）转入下一年度，使本期销售成本减少5 000元，进而使税前利润比按变动成本法计算的结果高出5 000元。

(3) 2×22年的税前利润，按完全成本法计算的结果较按变动成本法计算的结果低5 000元。其原因在于该年度甲产品的生产量小于销售量，使存货减少1 000件。在完全成本法下，必须将上期存货所包含的固定制造费用5 000元作为当期销售产品成本，故2×22年销售的产品不仅要负担本期全部的固定制造费用25 000元，还要负担上期转来的固定制造费用5 000元；而在变动成本法下，销售的产品只负担本期的固定制造费用。所以，结果必然是按变动成本法计算的税前利润要高出5 000元。

(4) 连续3年来看，由于总的产销情况大致相等，故两种成本法所计算出的税前净利润总额是相等的。

2) 销量不变，产量变动

综上所述，在销售单价、单位变动成本和固定成本不变的前提下，采用变动成本法和完全成本法计算出来的两种税前利润有如下规律：

当期初存货量＝期末存货量，即当期销量＝当期产量时，两种方法计算出来的税前利润相同。

当期初存货量小于期末存货量，即当期销量小于当期产量时，按完全成本法计算的税前利润必然大于按变动成本法计算的税前利润，其差额＝存货增加量×单位固定制造费用。

当期初存货量大于期末存货量，即当期销量大于当期产量时，按完全成本法计算的税前利润必然小于按变动成本法计算的税前利润，其差额＝存货减少量×单位固定制造费用。

【例3-8】 A公司横跨2×20—2×22年三个会计年度连续生产和销售乙产品。年销量均为6 000件，年生产量分别为6 000件、8 000件和4 000件。乙产品的单位售价为20元，单位变动生产成本为10元，全年固定制造费用总额为30 000元，全年固定销售及管理费用为10 000元。按两种成本法编制A公司连续三个会计年度的利润表。

根据上述资料采用两种成本法编制利润表,如表 3-8 所示。

表 3-8　2×20—2×22 年度利润表 2　　　　　　　　　　　　单位:元

变动成本法				完全成本法			
摘要	金额			摘要	金额		
	2×20 年	2×21 年	2×22 年		2×20 年	2×21 年	2×22 年
销售收入	120 000	120 000	120 000	销售收入	120 000	120 000	120 000
变动成本:				销售产品生产成本:			
变动生产成本	60 000	60 000	60 000	期初存货成本	0	0	27 500
变动销售及管理费用	0	0	0	加:本期生产成本	90 000	110 000	70 000
				减:期末存货成本	0	27 500	0
边际贡献	60 000	60 000	60 000	销售毛利	30 000	37 500	22 500
减:固定成本				减:销售及管理费用	10 000	10 000	10 000
固定制造费用	30 000	30 000	30 000				
固定销售及管理费用	10 000	10 000	10 000				
税前利润	20 000	20 000	20 000	税前利润	20 000	27 500	12 500
三年税前利润合计	60 000			三年税前利润合计	60 000		

由表 3-8 可知:

(1) 由于三个会计年度乙产品的产量不同,每个会计年度的单位固定制造费用就有所差异。在这种情况下,采用两种成本法计算税前利润,就要注意期初、期末存货金额的变动。2×20 年,产销平衡,两种成本法计算的税前利润相等;2×21 年,期末存货金额增加,使得按完全成本法计算的税前利润必然大于按变动成本法计算的税前利润,其差额正好是完全成本法下增加的存货所吸收的固定制造费用,即 7 500 元(3.75×2 000);2×22 年,期末存货金额减少,使得按完全成本法计算的税前利润必然小于按变动成本法计算的结果,两者的差额正好是完全成本法下的上期转入的存货所吸收的固定制造费用 7 500 元。

(2) 在变动成本法下,假定销售单价和单位变动成本不变,那么只要销售量相同,其税前利润就会保持不变,不受每个会计年度产量变化的影响。在[例 3-8]中,三个会计年度的销售量均为 6 000 件,尽管各个会计年度的产量不同,但税前利润仍然相同。

课程思政

通过变动成本法与完全成本法的学习,了解不同的成本计算方法适用于不同的管理模式。成本管理是企业管理的重要组成部分,它是企业决策的重要依据。在成本管理中,我们不仅要注重企业的技术创新,也要注重企业的管理创新,不断提高企业的核心竞争力和市场竞争力,实现企业的可持续发展。

任务拓展

一、单项选择题

1. 应用变动成本法的前提条件是（　　）。
   A. 把全部成本划分为生产成本和非生产成本
   B. 把全部成本划分为固定成本和变动成本
   C. 把全部成本划分为销货成本和存货成本
   D. 把全部成本划分为生产成本和混合成本

2. 变动成本法下的产品成本是指（　　）。
   A. 固定生产成本　　　　　　B. 变动生产成本
   C. 固定非生产成本　　　　　D. 变动非生产成本

3. 完全成本法下的期间成本是指（　　）。
   A. 直接材料费　　　　　　　B. 直接人工费
   C. 制造费用　　　　　　　　D. 非生产成本

4. 变动成本法与完全成本法之间最大的区别是对（　　）的处理不同。
   A. 变动生产成本　　　　　　B. 固定制造费用
   C. 销售费用　　　　　　　　D. 管理费用

二、解答题

变动成本法下产品的单位成本是否每期相同？完全成本法下产品的单位成本是否每期相同？

三、计算题

1. 某企业本期有关资料如下：

单位直接材料成本10元，单位直接人工成本5元，单位变动性制造费用7元，固定性制造费用总额4 000元，单位变动性销售与管理费用4元，固定性销售与管理费用1 000元。期初存货量为零，本期生产量1 000件，销售量1 000件，单位售价40元。

要求：请分别按变动成本法和完全成本法计算下列指标。

（1）变动成本法下的单位产品成本。
（2）完全成本法下的单位产品成本。
（3）变动成本法下的税前利润。
（4）完全成本法下的税前利润。

2. 飞特公司只生产一种产品，第一年、第二年、第三年的产销量及有关成本资料如表3-9所示。

表 3-9　飞特公司产品资料表　　　　　　　　　　　金额单位：元

摘要	第一年	第二年	第三年
本年度生产量（件）	9 000	7 000	8 000
本年度销售量（件）	8 000	8 000	8 000
单价	12	12	12
单位变动生产成本：			
直接材料	2	2	2
直接人工	2	2	2
变动制造费用	1	1	1
单位变动生产成本合计	5	5	5
固定制造费用	24 000	24 000	24 000
单位固定制造费用	2.67	3.43	3
变动销售费用	0	0	0
固定销售费用	15 000	15 000	15 000
变动管理费用	0	0	0
固定管理费用	10 000	10 000	10 000

要求：分别采用变动成本法、完全成本法计算飞特公司在上述三年的产品成本，并将计算结果填入表 3-10、表 3-11 和表 3-12 中。

表 3-10　飞特公司第一年产品成本表　　　　　　　　　　　单位：元

成本项目	变动成本法		完全成本法	
	总成本	单位成本	总成本	单位成本
直接材料				
直接人工				
变动制造费用				
变动生产成本				
固定制造费用				
产品成本				

表3-11　飞特公司第二年产品成本表　　　　　　　　　　单位：元

成本项目	变动成本法		完全成本法	
	总成本	单位成本	总成本	单位成本
直接材料				
直接人工				
变动制造费用				
变动生产成本				
固定制造费用				
产品成本				

表3-12　飞特公司第三年产品成本表　　　　　　　　　　单位：元

成本项目	变动成本法		完全成本法	
	总成本	单位成本	总成本	单位成本
直接材料				
直接人工				
变动制造费用				
变动生产成本				
固定制造费用				
产品成本				

任务二　变动成本法的评价及应用

任务初探

> 某公司只生产和销售 A 产品,原设计生产能力为每年 1 000 台,但由于市场竞争激烈,过去两年中,每年只能生产和销售 500 台。市场销售价格为每台 2 500 元,而该公司的单位产品成本为 2 600 元,其详细资料如下:
>
> 单位变动生产成本　　　　　　　　　　1 000 元
> 固定制造费用　　　　　　　　　　　　800 000 元
> 固定销售及管理费用　　　　　　　　　250 000 元
>
> 该公司已连续两年亏损,去年亏损 300 000 元;若今年不能扭亏为盈,公司势必要破产,形势严峻。
>
> 销售部经理认为,问题的关键在于每台产品的制造成本太高,为 2 600 元,但由于竞争的关系,公司不能提高售价,只能按 2 500 元的价格每年销售 500 台。因此,公司的出路只能是请生产部门的工程技术人员改进工艺,减少消耗,降低制造成本。
>
> 生产部经理认为,问题的关键在于设计生产能力只用了一半,如能充分利用生产能力,就可把单位固定成本降低,这样单位产品成本自然会下降。对策是要销售人员努力多销售,如能每年售出 1 000 台,就一定能扭亏为盈。
>
> 总会计师则认为公司目前编制利润表的方法——完全成本计算法,为公司提供了一条扭亏为盈的"捷径",即:充分利用公司自身的生产能力,一年生产 1 000 台 A 产品。虽然市场上只能销售一半,但公司却可将固定成本的半数转入存货成本,这样即使不增加销售数量,也能使利润表中的利润扭亏为盈。

任务启示

在完全成本法下,产量愈大,单位固定生产成本愈低,即整个单位产品成本随之降低。这会大大刺激企业提高产品产量的积极性。但是,按照经济学原理,商品只有销售出去,其价值才算得到社会的承认,企业才能获得收入和利润。变动成本法揭示了销量和利润之间的内在联系。在计算营业利润时,将固定制造费用全部作为期间成本,计入当期损益,这就排除了产量高低对单位产品成本的影响。通过变动成本法和完全成本法的比较,学生应了解变动成本法的优点及局限性,明确变动成本法的应用原则。

任务重难点

变动成本法的优缺点
变动成本法与完全成本法的结合应用

 任务研习

通过变动成本法和完全成本法的比较分析,可以看出变动成本法在确定成本和收益方面的特点,其理论和方法直接服务于企业内部经营管理的优势。因此,变动成本法可以最有效地应用于企业的内部管理。

一、变动成本法的优点

(一) 体现了收益与费用相配比的原则

变动成本法将已销产品的变动生产成本与当期收入相配比,将未销产品的变动生产成本转入存货,以便与未来销售期间实现的收入相配比。固定制造费用是为保持生产经营能力而必须发生的成本,不会因产量变化而变化,只是随着时间的推移而消失。因此,把固定制造费用列入期间成本计入当期损益更加符合配比原则的要求,更能真实地反映企业的经营成果。而且,只有这样做才能解释某一会计期间没有生产任何产品却发生固定制造费用的现象。

(二) 有利于进行正确的短期决策

变动成本法以成本性态分析为基础,将与产量成正比的变动性制造成本作为产品成本,而将固定制造费用作为期间费用,这样做便于管理人员从成本性态上掌握成本与业务量之间的关系,从而进行成本预测、规划与控制。

(三) 促使管理者重视销售环节,防止盲目扩大生产

变动成本法揭示了销量和利润之间的内在联系。在计算利润时,将固定制造费用全部作为期间成本,计入当期损益,这就排除了产量高低对单位产品成本的影响。在销售单价、单位变动成本和产品销售结构水平不变的条件下,企业的利润与产品的销量直接相关,随销量呈正方向变动。因此,变动成本法可以促使企业管理部门重视销售环节,做好销售预测,实行以销定产。

(四) 便于分清责任,有利于控制成本和评价业绩

变动成本法能够提供变动成本和固定成本的信息,这是分清经济责任、进行成本控制和业绩评价的重要依据。因为变动性生产成本通常由生产部门和供应部门负责,其成本的高低反映了生产部门和供应部门的工作业绩,直接材料、直接人工和变动制造费用的节约或超支,都会从产品变动成本中反映出来,从而确定生产部门和供应部门的责任,以便企业采取措施加以控制。而固定制造费用是由各有关管理部门负责的,管理部门一般通过制定费用预算对其进行控制。

二、变动成本法的缺点

变动成本法对企业的内部管理有着十分重要的意义,但仍然存在以下缺点。

(一) 变动成本法不是非常精确的计算方法

变动成本与固定成本的划分在很大程度上是假设的结果,并非一种十分精确的计算。

(二)变动成本法不符合传统成本概念的要求

美国会计准则委员会认为:"成本是为了达到一个特定目的而已经发生或可能发生的,以货币计量的价值牺牲。"按照这种观点,生产成本是产品在生产过程中发生的全部耗费,既应该包括变动生产成本,也应该包括固定制造费用。显然,按变动成本法计算的产品成本,不符合这一传统成本概念的要求。

(三)变动成本法不能适应长期决策的需要

变动成本法以成本性态分析为基础,以相关范围内固定成本总额和单位变动成本不变为前提条件。但成本性态受许多因素影响,不可能长期不变。而长期决策要解决的是生产能力的增减和经营规模的扩大或缩小的问题,涉及的时间长,必然要突破相关范围的限制。因此,变动成本法不能适应长期决策的需要。

(四)变动成本法会影响有关方面当期的利益

在实践中,当刚从完全成本法改为变动成本法时,一般会影响期末存货的计价,降低当期的利润,从而暂时影响征税机关当年的所得税收入及投资者当年的股息收入。正因为如此,企业在编制对外财务报表时还必须遵循一般公认的会计原则,采用完全成本法。由变动成本法计算的存货价值及确定的利润,不能用来申报所得税。

三、变动成本法与完全成本法的结合应用

变动成本法是企业加强经营管理的一种行之有效的成本计算法,但由于变动成本法只用于企业内部决策,至今尚未被公认的《企业会计准则》所承认,企业在征税和对外报告时,仍以完全成本法为准。

社会上对如何应用变动成本法也存在诸多争议,概括起来主要有以下三种观点。

(一)采用双轨制

双轨制要求提供两套平行的成本核算资料,既设置完全成本法的核算资料,也设置变动成本法的核算资料,以分别满足不同的需要。这种观点在技术上比较简单,但工作量较大,并且重复设账,会造成人力、财力、物力和时间的极大浪费。

(二)采用单轨制

单轨制要求以变动成本法取代完全成本法,最大限度地发挥变动成本法的优点。显然,这种观点不符合现行《企业会计准则》的统一要求。

(三)采用结合制

结合制要求将变动成本法与完全成本法结合使用,日常核算建立在变动成本法的基础之上,以满足企业内部经营管理的需要;期末对需要按完全成本法反映的有关项目进行调整,以满足对外报告的需要。这种做法既能充分发挥变动成本法的优点,又能兼顾现行《企业会计准则》的统一要求。

为使两种成本计算方法均能发挥各自的优势,企业应将两种成本计算方法配合使用。配合使用的原则如下:由于内部控制管理对成本资料的需要是经常的、大量的,而对外编制财务报表的需要是定期的,企业应将日常核算建立在变动成本法的基础上,再定期地将

有关业务调整为完全成本法计算,以满足日常管理和定期编制报表的需要。

企业在日常成本核算中的具体做法如下:以成本性态分析为前提条件,将发生的全部制造成本项目划分为固定成本和变动成本两类,"生产成本""库存商品"账户都按变动成本核算,只反映直接材料、直接人工和变动性制造费用;同时,取消"制造费用"账户,另设"变动性制造费用""固定性制造费用"和"存货中的固定性制造费用"等账户。固定性制造费用的发生额,经"固定性制造费用"账户汇总后,转入"存货中的固定性制造费用"等账户中,期末再把本期销售产品应分摊的固定性制造费用转入"收益汇总"账户。这时,"存货中的固定性制造费用"账户的余额则可并入期末资产负债表中的"生产成本""库存商品"等项目。

课程思政

通过学习变动成本法的优缺点,理解任何事物都有其两面性,即既有优点也有缺点。因此,我们应该多角度、全面看待问题,分析利弊,扬长避短。

任务拓展

一、多项选择题

1. 下列关于变动成本法的优点表述中,正确的有( )。
  A. 能够促使企业重视销售,防止盲目生产
  B. 能够提供企业管理层预测和短期决策的有用信息
  C. 有利于企业加强成本控制和正确进行业绩评价
  D. 适应长期决策的需要

2. 变动成本法存在的局限性表现在( )。
  A. 不利于正确地进行业绩评价
  B. 不符合财务会计的产品成本概念及对外报告的要求
  C. 不能适应长期决策的需要
  D. 不利于加强成本控制

3. 下列关于变动成本法应用的表述中,不正确的有( )。
  A. 变动成本法与完全成本法无法结合
  B. 变动成本法与完全成本法的有机结合是最理想的做法
  C. 变动成本法的积极作用决定了它可以取代完全成本法
  D. 可以采用两种方法同时核算,将日常核算建立在变动成本法的基础之上

二、解答题

对比变动成本法与完全成本法的优缺点,阐述两种成本法的适用范围,并说明理由。

三、计算题

某公司连续3年A产品的生产量均为10 000件,3年的销售量分别为10 000件、8 000件和12 000件,A产品售价为200元,有关成本资料如下:

单位直接材料:50元

单位直接人工:20元

单位变动制造费用:10元

固定制造费用总额:100 000元

单位变动销售及管理费用:8元

固定销售及管理费用总额:30 000元

要求:分别按变动成本法和完全成本法计算该公司连续3年的税前利润。

项目小结

管理会计与财务会计在成本的计算方法上存在差异，管理会计中的成本计算方法称为变动成本法，财务会计中传统的成本计算方法称为完全成本法。

完全成本法是将产品生产中发生的直接材料、直接人工、变动制造费用和固定制造费用等全部生产成本计入产品成本中，将非生产成本作为期间成本计入当期损益的一种成本计算方法。

变动成本法是与传统的成本计算方法相对应的一种方法。它是指以成本性态分析为前提，在计算产品成本时，只包括产品生产过程中所消耗的变动生产成本，即直接材料、直接人工和变动制造费用，而把固定生产成本即固定制造费用和非生产成本全部作为期间成本处理的一种成本计算方法。

完全成本法下的损益是按职能式计算的，其计算公式如下：

销售毛利＝销售收入－销货成本

税前利润＝销售毛利－期间成本

变动成本法下的损益是按贡献式计算的，其计算公式如下：

边际贡献＝销售收入－变动成本

税前利润＝边际贡献－固定成本

变动成本法和完全成本法在一定会计期间内计算的税前利润可能会出现差异，其根本原因在于两种成本法对固定制造费用的处理不同。其具体表现为完全成本法下期末存货所吸收的固定制造费用与期初存货所释放的固定制造费用之间存在差异。

在销售单价、单位变动成本和固定成本不变的前提下，采用变动成本法和完全成本法计算出来的两种税前利润有如下规律：

（1）当期初存货量＝期末存货量，即当期销量＝当期产量时，两种方法计算出来的税前利润相同。

（2）当期初存货量＜期末存货量，即当期销量＜当期产量时，按完全成本法计算的税前利润必然大于按变动成本法计算的税前利润，其差额＝存货增加量×单位固定制造费用。

（3）当期初存货量＞期末存货量，即当期销量＞当期产量时，按完全成本法计算的税前利润必然小于按变动成本法计算的税前利润，其差额＝存货减少量×单位固定制造费用。

变动成本法与完全成本法各有优缺点和适用性,变动成本法为企业内部管理提供服务,完全成本法将会计核算的结果定期提供给投资者、债权人以及其他有关各方。但一个企业若同时采用两种成本计算方法会造成大量的浪费,显然不够现实,可将两种成本计算方法有机结合起来,以满足企业内部管理和对外报告的需要。

项 目 训 练

一、请结合相关资料，回答以下问题

特瑞新能源公司是西南航空旗下的子公司，专注于新型煤炭能源开发，月产量在200吨左右。李经理和王会计都根据3月份销售和生产经营情况（表3-13）估算了3月份的利润，可是王会计报给李经理的利润比李经理测算的利润多出了12 500元。该公司拟将利润报告用于企业内部管理。作为公司的老总，你赞同谁的说法？

表3-13 成本数据表　　　　　　　　　　　　　　　　　金额单位：元

项目	数据
产量（吨）	200
销售量（吨）	100
单价	2 200
单位变动成本：	
（1）直接材料	850
（2）直接人工	300
（3）变动制造费用（主要为水电费）	120
固定制造费用	25 000
管理费用（固定）	15 000
销售费用（固定）	16 000
财务费用（公司没有贷款）	忽略不计

1. 产生利润差异的原因是？
   （1）王会计采用的是（　　）来计算公司利润的。
   A. 完全成本法　　　　　　B. 变动成本法
   （2）李经理采用的是（　　）来计算公司利润的。
   A. 完全成本法　　　　　　B. 变动成本法
2. 王会计计算的利润为＿＿＿＿＿＿（元）。
   李经理计算的利润为＿＿＿＿＿＿（元）。
3. 作为公司的老总，你赞同李经理还是王会计的说法？

二、请结合相关资料，解决以下问题

南京润阳环保集团（以下简称润阳集团）是一家从事废气处理设备制造的大型国有企业，资金供应十分充足。20×9年之前，润阳集团主要生产经营常规的通用废气处理设备——PP喷淋塔。从20×9年开始，其引进国外先进技术，成功开发了具有国际先进水平的X型PP喷淋塔，并批量投入国内市场，逐渐成为润阳公司的拳头产品。

润阳集团 20×9 年 4～6 月份的部分利润表如表 3-14 所示。

表 3-14　润阳集团利润表(20×9 年)　　　　　　　　　　　　单位：元

项目	4 月	5 月	6 月
主营业务收入(单价 25)	1 750 000	1 875 000	2 000 000
减：主营业务成本			
期初存货成本	80 000	320 000	400 000
本期生产成本			
变动生产成本(单位成本 9)	765 000	720 000	540 000
固定性制造费用	560 000	560 000	560 000
本期生产成本合计	1 325 000	1 280 000	1 100 000
本期可供销售的产品成本	1 405 000	1 600 000	1 500 000
减：期末存货成本	320 000	400 000	80 000
本期主营业务成本	1 085 000	1 200 000	1 420 000
主营业务利润	665 000	675 000	580 000
减：销售费用和管理费用	620 000	650 000	680 000
税前利润	45 000	25 000	−100 000

在阅读财务部门提供的润阳集团 20×9 年 4～6 月份的部分利润表时，副总经理陈新对这三个月的税前利润感到非常困惑，他说："最近三个月来，我们公司的销售量一直稳步增长，为什么利润反而越来越少？6 月份我们完成 200 万元的销售额，反而亏损了 10 万元，难道我们的利润不是和销售额成正比例增长的吗？"陈新找来公司新招聘的财务主管王杰，希望他能解释其中的缘由。王杰告诉经理，财务报表是按照完全成本法编制的，并介绍了完全成本法和变动成本法的含义，当生产与销售不平衡时，变动成本法可以更好地向管理者报告利润，润阳集团第二季度的生产和销售数据如表 3-15 所示。

表 3-15　润阳集团第二季度产销数据　　　　　　　　　　　　单位：件

项目	4 月	5 月	6 月
产量	85 000	80 000	60 000
销量	70 000	75 000	80 000

其他资料如下：

(1) 4 月 1 日公司的存货数量为 5 000 件。

(2) 每季度的固定制造费用为 1 680 000 元，并且在季度内平均发生。

(3) 销售一单位产品的变动性销售、管理费用为 6 元。表 3-13 中的销售费用和管理费用，除去变动部分，其余均为固定成本。

(4) 公司使用先进先出法，在产品存货可以忽略不计。

听完王杰的介绍,陈新说:"我们的生产和销售有时不平衡是因为在本季度开始的时候为了预防7月份可能出现自然灾而增加了产量,但台风并未出现,7月份的时候我们不得不削减产量以消耗过多的存货。"

要求:使用变动成本法重新编制润阳集团4月、5月、6月三个月的利润表(表3-16)。

表3-16 变动成本利润表　　　　　　　　　　　　金额单位:元

项目	4月	5月	6月
营业收入			
单价			
产量(件)			
销量(件)			
营业收入合计			
变动成本			
单位变动生产成本			
变动的销货成本			
变动管理和销售费用			
变动成本合计			
贡献毛益			
固定成本			
固定制造费用			
固定管理和销售费用			
固定成本合计			
税前利润			

另外,根据相关资料计算可知:

4月税前利润为_____(元),5月税前利润为_____(元),6月税前利润为_____(元)。

三、请结合相关资料,解决以下问题

深圳市龙岗区菲卡动漫商行是电玩设备的专业生产公司,拥有完整、科学的质量管理体系,经济效益非常不错。自成立以来,公司致力于研发、生产、销售各类型游艺设备。其目前主要生产娃娃机、剪刀机、口红机、福袋机、赛车机、兑币机等多尺寸类型电玩设备。公司目前厂房及办公占地超过3 000 m²,产品远销马来西亚、越南、泰国等20多个国家和地区。

随着经营规模的不断扩大及市场占有率的不断提高,为了进一步提高内部管理水平,公司需要招聘一批懂管理、会经营的专业人才,其中财务部需要招聘一名财务主管。经过筛选简历,公司通知小张和小李两人前去公司进行面试,主考官是公司精通财务工作的副总经理。副总经理现场向两名应聘者提出了以下问题:

假定公司准备投入一种新设备的生产,该新设备的情况如表3-17所示。要求小张和小李两名应聘者各做一份关于该设备的利润表。如果想大幅度提高公司的利润,作为财务主管,应提供什么样的建议?结果小张和小李分别给出了不同的方案。小张提供的报表是用完全成本法编制的。他提出的建议是在现有的基础上再扩大生产,大幅度增加产量,从而降低产品成本,增加企业盈利。小李提供的报表是按变动成本法编制的,他提出的建议是积极扩展市场,扩大产品销售,从而达到增加利润的目的。主考官副总经理看了他们的报表和建议后,当即就确定了财务主管的人选。

表3-17 新设备的相关资料　　　　　　　　　　　　　金额单位:元

业务量(件)	成本资料
本年投产完工量 30 000	直接材料 600 000
本年销售量 20 000	直接人工 600 000
期末存货量 10 000	制造费用(变动:150 000;固定:300 000)
销售单价 100 元/件	销售及管理费用(变动:20 000;固定:40 000)

1. 请你根据案例资料分别编制出小张关于该种设备的利润表(表3-18)和小李关于该种设备的利润表(表3-19)。

表3-18 完全成本法利润表　　　　　　　　　　　　　单位:元

项目	金额
一、销售收入	
二、销货成本	
期初存货成本	
本期生产成本	
期末存货成本	
合计	
三、销售毛利	
四、变动销售及管理费用	
五、固定销售及管理费用	
六、营业利润	

表 3-19　变动成本法利润表　　　　　　　　　　　　　　　　　　　　单位：元

项目	金额
一、销售收入	
二、变动成本	
变动生产成本	
变动销售及管理费用	
合计	
三、边际贡献	
四、固定成本	
固定制造费用	
固定销售及管理费用	
五、营业利润	

其中：小张得出的营业利润为_____（元）；小李得出的营业利润为_____（元）。

2.根据你的分析，你认为公司录用了（　　）为财务主管？

A.小张　　　　　　　　B.小李

项目四 本量利分析

学习目标

- **知识目标**

  了解本量利分析的基本概念、基本假设和基本公式

  掌握本量利分析的常用指标

  掌握保本分析、保利分析的有关公式及其运用

  掌握企业经营安全程度分析的评价指标

- **能力目标**

  掌握保本点、保利点、边际贡献和安全程度等相关指标的计算

  掌握本量利分析图的绘制

- **素质目标**

  具有较强的计算分析能力

  具有良好的沟通能力及团队协作精神

学习导图

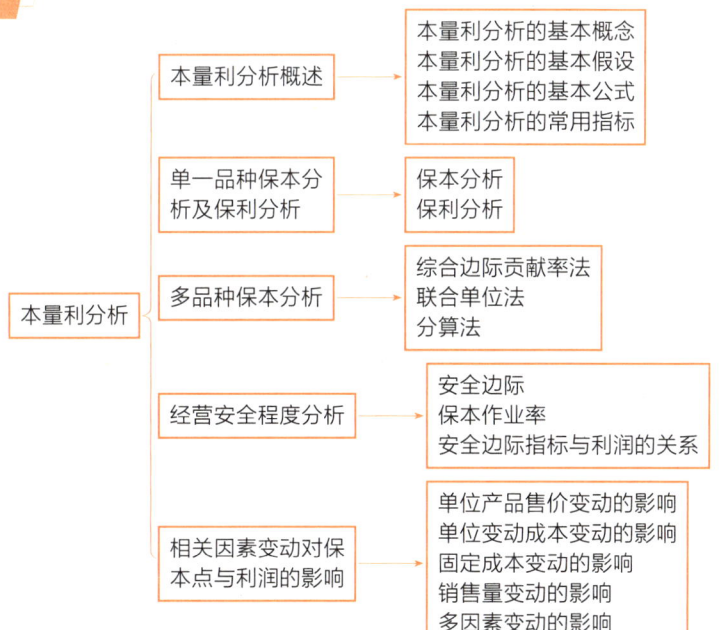

任务一　本量利分析概述

任务初探

2021年年初,恒心食品加工有限公司(以下简称恒心公司)的财务副经理接到公司财务报告,报告显示,其食品销量下降,收益下滑。

恒心公司设在市中心,从事多种食品的生产销售,主要经营主食面包、老式酸面包和热狗面包,且分别由三个车间独立加工制作。该公司是市优质食品生产商之一,自2016年年初成立并生产销售以来,一直受到广大消费者的信赖与好评,市场占有率和盈利水平一直很好。

自2020年上半年以来,恒心公司的销量开始下滑,而且有继续下滑的势头尤其是热狗面包的销售市场几乎丧失殆尽。究其原因,主要有四个方面:①消费者在购买食品时,不仅注重质量、口感,还关心价格;②从消费者的需求来看,随着生活水平和消费观念的变化,人们对食品的需求日益多样化;③市场竞争不断加剧,新的生产商不断涌现,由于消费者的"猎奇"心理,恒心公司丧失了一些顾客;④从销售渠道上看,该公司的食品主要面向商场、食杂店和普通超市,它们的销售逐渐受到冲击,自然也使恒心公司失去了一部分市场。近些年来,市内出现了多家仓储超市。这些商家打出类似"天天低价,日日省钱"的销售口号,在多个方面冲击了原有的商场、食杂店和普通超市,主要原因有:第一,仓储超市货物品种全,选择方便;第二,大多数仓储超市都有"现场制作,现场出售"的食品,花样繁多,价格低廉,且消费者亲眼看到,觉得干净卫生。

恒心公司董事会研究决定,由于原有的热狗面包车间的设备暂时无法转作他用,拟将原有设备转产"恒心面点糕",这样既能充分利用原有的设备,又不必重新聘请面点师(面点师实行计件工资制)。

任务启示

边际贡献是销售收入减去变动成本之后的差额,它反映产品给企业作出贡献的能力,因此,只有当边际贡献大于固定成本时才能为企业提供利润,否则企业将会出现亏损。在本案例中,由于固定资产不可转作他用,当边际贡献大于相关固定成本即可转产。通过本任务的学习,学生应明确什么是本量利分析,同时也应了解其基本假设和基本公式,为以后任务的学习奠定基础。

任务重难点

本量利分析的基本概念、假设

本量利分析的基本公式
本量利分析的常用指标

 任务研习

本量利分析是在成本性态分析基础上进行的进一步扩展,它主要研究的是成本、业务量和利润三者之间的数量关系。本量利分析所提供的基本原理和方法在企业经营预测中有着广泛的应用,同时是企业决策、规划和控制的重要工具。本量利分析的内容包括保本分析、保利分析、经营安全程度分析等。其中,保本分析是本量利分析的核心。

一、本量利分析的基本概念

本量利分析是成本-业务量-利润分析的简称,是以成本性态分析为基础,以数学化的会计模型与图式来揭示固定成本、变动成本、销售量、单价、销售额、利润等变量之间的内在规律性联系,为会计预测、决策和规划提供必要的财务信息的一种定量分析方法。

二、本量利分析的基本假设

本量利分析是利用数学模型来揭示成本、业务量和利润之间的关系的,而三者之间的关系只有在一定的假设条件下才会表现出内在的规律性。

(一) 成本性态分析假设

假设成本性态分析工作已经完成,全部成本已经被区分为变动成本与固定成本两部分,有关的成本性态模型已经建立起来。

(二) 相关范围及线性假设

假设在相关范围内固定成本总额的不变性和变动成本单位额的不变性,成本函数表现为线性方程;同时,在相关范围内,单价也不因产销业务量变化而改变,销售收入也是直线方程。这一假设排除了在时间和业务量变动的情况下,各生产要素的价格(原材料、工资率等)、技术条件、工作效率和生产率以及市场条件变化的可能性。总之,假设在一定期间和一定业务量范围内,成本与销售收入分别表现为一条直线。

(三) 产销平衡假设

产销基本平衡,即期初、期末的产成品存货数量不变。也就是生产出来的产品总是可以找到市场出售,实现产销平衡。这主要是因为产量的变动影响到成本的高低,而销量的变动则影响到收入的多少。假定产销平衡可使本量利分析不受存货量变化的影响,计算分析就较为简单。

(四) 产销品种结构稳定假设

这种假设仅与同时生产和销售多种产品的企业有关,其含义是假定在产销多种产品的情况下,各种产品的产销额在全部产品产销总额中所占的比重并不发生变化。强调这一点是为了减少问题的复杂性,由于每种产品的边际贡献率不等,对企业的利润和盈亏临界点都会产生一定的影响。

三、本量利分析的基本公式

本量利分析所考虑的相关因素主要包括固定成本、单位变动成本、销售量、单价、销售收入和营业利润等。这些变量之间的关系可用下列公式进行反映：

$$营业利润=销售收入-总成本$$
$$=销售收入-变动成本-固定成本$$
$$=单价×销售量-单位变动成本×销售量-固定成本$$
$$=(单价-单位变动成本)×销售量-固定成本$$

即：

$$P = px - bx - a = (p-b)x - a$$

其中，P—— 利润；

p—— 单价；

x—— 销售量；

b—— 单位变动成本；

a—— 固定成本。

由于本量利分析的数学模型是在上述公式的基础上建立起来的,故可将该式称为本量利分析的基本公式。它包含五个相互联系的变量,只要给定其中四个变量,就可以通过该公式计算出另一个变量的值。

四、本量利分析的常用指标

（一）边际贡献、单位边际贡献与边际贡献率

1. 边际贡献

边际贡献又称贡献毛益、边际利润,是指产品的销售收入减去全部变动成本后的余额,其计算公式如下：

$$边际贡献=销售收入-变动成本$$

即：

$$Tcm = px - bx$$

2. 单位边际贡献

单位边际贡献是指产品的销售单价减去单位变动成本后的差额,也就是每销售一件产品带来的利润水平的增加。单位边际贡献也可以用边际贡献除以有关销售量求得。其计算公式如下：

$$单位边际贡献=单位产品售价-单位变动成本$$
$$=边际贡献÷销售量$$

即：

$$cm = p - b \text{ 或 } cm = \frac{Tcm}{x}$$

3. 边际贡献率

边际贡献率是指边际贡献占销售收入的百分比,即单位边际贡献占销售单价的百分比。它反映产品给企业作出贡献的能力。其计算公式如下:

$$边际贡献率 = \frac{边际贡献}{销售收入} \times 100\% = \frac{单位边际贡献}{销售单价} \times 100\%$$

即:

$$cmR = \frac{Tcm}{px} \times 100\% = \frac{cm}{p} \times 100\%$$

(二)变动成本率

与边际贡献率有密切关系的一个常用概念是变动成本率。变动成本率是指变动成本占销售收入的百分比,或指单位变动成本占销售单价的百分比。其计算公式如下:

$$变动成本率 = \frac{变动成本}{销售收入} \times 100\% = \frac{单位变动成本}{销售单价} \times 100\%$$

将边际贡献率与变动成本率两个指标联系起来考虑,可以得出以下关系式:

$$边际贡献率 + 变动成本率 = 1$$
$$边际贡献率 = 1 - 变动成本率$$
$$变动成本率 = 1 - 边际贡献率$$

可见,边际贡献率与变动成本率属于互补性质。变动成本率高的企业,边际贡献率低,创利能力小;反之,变动成本率低的企业,边际贡献率高,创利能力大。

以上指标的计算公式及其变形公式在管理会计中十分重要,必须在理解的基础上熟练掌握,以便灵活运用。

【例4-1】 已知甲企业只生产 A 产品,单价 p 为 14 元/台,单位变动成本 b 为 7 元/台,固定成本 a 为 50 000 元。2×22 年生产经营能力为 14 000 台。

要求:(1)计算全部边际贡献指标。

(2)计算营业净利润。

(3)计算变动成本率。

(4)验证边际贡献率与变动成本率的关系。

解得:单位边际贡献=14-7=7(元/台)

边际贡献=7×14 000=98 000(元)

$$边际贡献率 = \frac{98\,000}{196\,000} \times 100\% = 50\%$$

营业净利润=98 000-50 000=48 000(元)

$$变动成本率 = \frac{7}{14} \times 100\% = 50\%$$

边际贡献率+变动成本率=50%+50%=1

课程思政

在本节课中,我们了解到边际贡献有三种表现形式,即边际贡献、单位边际贡献、边际贡献率都能用来反映产品为企业做出贡献的能力。李白曾说:"不登高山,不知天之高也;不临深溪,不知地之厚也。"我们对一件事物要从不同的角度去分析,全面看待事物。

任务拓展

一、单项选择题

1. 某产品的销售收入为 20 万元,边际贡献率为 60%,其变动成本总额为(　　)万元。

　A. 8

　B. 12

　C. 4

　D. 16

2. 边际贡献率与变动成本率两者之间的关系是(　　)。

　A. 变动成本率高,则边际贡献率也高

　B. 变动成本率高,则边际贡献率低

　C. 变动成本率与边际贡献率两者没有关系

　D. 变动成本率是边际贡献率的倒数

二、多项选择题

下列选项中,属于本量利分析的基本假设的有(　　)。

　A. 成本性态分析假设

　B. 相关范围及线性假设

　C. 产销平衡假设

　D. 产销品种结构稳定假设

三、计算题

安华公司生产紫砂产品 4 000 件,单价为 60 元,单位变动成本为 37.5 元,固定成本为 66 000 元。

要求:计算该产品的以下指标。

(1) 单位边际贡献。

(2) 边际贡献。

(3) 营业利润。

(4) 边际贡献率及变动成本率。

任务二 单一品种保本分析及保利分析

任务初探

小赵和小王大学毕业后合伙开了一家奶茶店,他们在进行了详细的市场调研后将一杯奶茶定价为 10 元,每杯奶茶的制作成本为 2 元,每个月房租 3 000 元,雇佣的 2 名服务员每人每月工资 2 000 元,目前他们考虑的问题是奶茶店一个月需要卖出多少杯奶茶才能实现保本。

任务启示

在利润为零的前提下,运用本量利分析的基本公式即可计算出奶茶店的保本点。通过本任务的学习,学生应理解保本分析的基本概念,熟练掌握单一品种下保本点的确定方法、保利分析的基本原理及相关指标的计算方法。

任务重难点

保本分析的概念
单一品种保本点的确定
保利分析下目标利润的计算

任务研习

保本分析是企业管理中一项很重要的管理信息,它能帮助企业管理人员正确地把握产品销售量(额)与企业盈利之间的关系。通常情况下,企业要盈利,其实际销售量(额)一定要超过其保本点,而且,超过保本点越多,企业利润增长就越快,这也是刺激企业生产经营不断向规模经济发展的一个重要的内部因素。

一、保本分析

(一) 保本分析的基本概念

保本,是指企业在一定时期内的销售收入等于总成本,当企业处于这种收支相等、盈亏平衡、不盈不亏、利润为零的状态时,称企业达到保本状态。用公式表示为:销售收入=销售成本,边际贡献=固定成本。

保本分析就是研究当企业恰好处于保本状态时本量利关系的一种定量分析方法。它是进行保利分析和确定企业经营安全程度分析的基础,又叫盈亏临界分析、损益平衡分析、两平分析、够本分析等。保本分析的关键是保本点的确定。

(二) 保本点的确定

保本点,也称为盈亏临界点、盈亏平衡点、损益平衡点等,是指企业经营达到不盈不亏的状态的业务量的总称,也就是使企业达到保本状态的销售量或销售额称作保本点。

单一品种的保本点有两种表现形式:一是保本点销售量(简称保本量),二是保本点销售额(简称保本额)。前者以实物表示,后者以货币价值量表示。因此,保本点的确定就是计算保本量和保本额的数值的过程。

$$保本量 = \frac{固定成本}{单价 - 单位变动成本} = \frac{固定成本}{单位边际贡献}$$

$$保本额 = 单价 \times 保本量 = 单价 \times \frac{固定成本}{单位边际贡献}$$

上式可变形为:

$$保本额 = \frac{固定成本}{\frac{单位边际贡献}{单价}}$$

因为边际贡献率=边际贡献÷销售收入=单位边际贡献÷单价,所以保本额的计算公式又可以表示为:

$$保本额 = \frac{固定成本}{边际贡献率}$$

以上保本分析过程,如图 4-1 所示。

【例 4-2】 承[例 4-1]资料。
要求:计算该企业的保本点。
保本量 = 50 000 ÷ (14 − 7) = 7 143(台)
保本额 = 7 143 × 14 = 100 002(元)

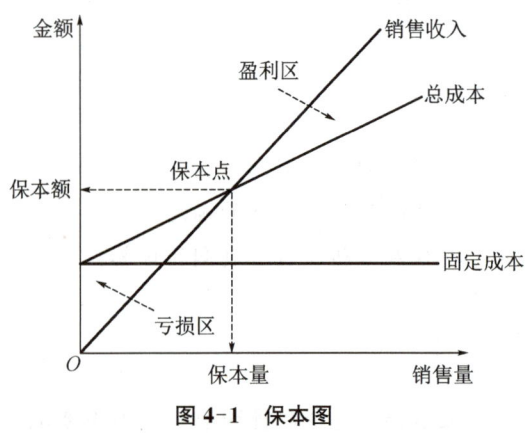

图 4-1 保本图

二、保利分析

保本分析是假定利润为零,企业处于不亏不盈状态下的分析。然而,保本只是企业经营的最低要求,企业要在激烈的市场竞争中生存、发展,必须追求更多的利润。因此,企业在经营管理中,除进行保本分析外,还需要进行利润的预测分析,即保利分析。

(一) 保利分析的概念

保利分析是在保本分析的基础上,研究当企业实现目标利润时本量利关系的一种分析方法。通过保利分析,可以先确定为实现目标利润而应达到的目标销售量和目标销售额,即保利点,从而以销定产,确定目标生产量、目标生产成本与目标资金需要量等,为企业实现目标控制奠定基础,为企业短期经营确定方向。

(二) 确定实现目标利润的销售量与销售额

企业在经营过程中,一般需要结合同行业平均利润水平等相关数据资料,根据企业在计划期内的生产能力、生产技术条件、产品市场和材料物资等要素市场状况的实际情况，确定本企业计划期内的目标利润水平，并据以分析确定计划期内实现目标利润的销售量和销售额。

实现目标利润的销售量和销售额的计算公式如下：

$$实现目标利润的销售量 = \frac{固定成本 + 目标利润}{单价 - 单位变动成本}$$

$$= \frac{固定成本 + 目标利润}{单位边际贡献}$$

实现目标利润的销售额 = 单价 × 实现目标利润的销售量

$$= \frac{固定成本 + 目标利润}{边际贡献率}$$

（三）确定实现目标利润的单价

在其他因素既定的情况下，往往需要了解单价达到什么水平时才能实现目标利润，这时可用以下公式测算：

$$实现目标利润的单价 = \frac{变动成本 + 固定成本 + 目标利润}{预计销售量}$$

【例 4-3】 假设某企业生产和销售单一产品，产品单价为 50 元，单位变动成本为 25 元，固定成本为 50 000 元。假定企业的目标利润为 40 000 元。

要求：计算实现目标利润的销售量和销售额。

$$实现目标利润的销售量 = \frac{50\,000 + 40\,000}{50 - 25} = 3\,600（件）$$

实现目标利润的销售额 = 3 600 × 50 = 180 000（元）

即该企业销售数量达到 3 600 件，销售额达到 180 000 元时，能实现目标利润。

课程思政

保本点对于企业来说是企业经营的底线，企业无论赚钱与否，至少得实现保本。与保本点进行类比，遵纪守法是财务工作者的底线，每一位财务工作者无论在工作中成就大小如何，都必须遵守相关法律法规。

任务拓展

一、单项选择题

1. 利润＝(实际销售量－保本销售量)×( )。

    A. 边际贡献率

    B. 单位利润

    C. 单位产品售价

    D. 单位边际贡献

2. 已知某企业某产品单价为20元,单位变动成本为14元,固定成本为60 000元。则该产品的保本量是( )件。

    A. 10 000

    B. 7 000

    C. 6 000

    D. 8 000

3. 某企业甲产品的单位产品售价为100元,单位变动成本为60元,固定成本为20万元,本月目标利润为2万元,那么其本月必须实现( )。

    A. 销售量5 500件

    B. 销售量7 000件

    C. 销售量6 000件

    D. 销售量8 000件

二、多项选择题

边际贡献率的计算公式可表示为( )。

   A. 1－变动成本率

   B. 边际贡献÷销售收入

   C. 固定成本÷保本销售量

   D. 固定成本÷保本销售额

三、计算题

某企业生产丁产品,单位变动成本为5元,固定成本总额为8 000元,若该企业的目标利润为40 000元,预计销售量为5 000件,则要实现目标利润,丁产品的单位售价应该是多少?

任务三　多品种保本分析

任务初探

　　金辉建材商店自1996年开始营业以来，一直经营各种建材和日杂用品。该商店因货真价廉、服务热情颇受当地消费者的信赖。近几年来，该商店销售量占整个市场销售量的70%，经济效益在周边同业中位居首位，多年来与各厂家建立了固定的协作关系，赢得了各厂家的信任。2021年年初，几个大的厂家派人找到该商店的经理金辉，欲将金辉建材商店作为其指定的代卖店。欲与金辉建材商店合作的厂家有长岭石棉瓦厂，该厂的石棉瓦质量好，价位合理，近几年一直是老百姓的首选品种；A市第二玻璃厂，该厂的玻璃在当地很畅销；鼎鹿水泥厂，该厂的鼎鹿牌水泥是优质水泥，年年热销。这些厂家均可先将货物送上门，待到销售后付款，如果有剩余，还可由厂家将货物取回，这样连周转资金都可节省下来。该商店的经理金辉开始进行市场调研。

　　金辉建材商店位于镇政府所在地，交通便利，近几年来，本镇及周围村民的生活水平不断提高，生活观念和消费意识不断转变，人们都想将原有的砖瓦房重建成楼房，改善居住条件。据统计，在过去的两年中，本镇每年就有400余户兴建房舍，而且有上升趋势。同时，本镇最近才由乡转变成镇，镇里决定，在5年内将本镇原有企业的办公场所，包括办公楼和生产车间、仓库进行改、扩建，同时还要新建几家企业。此外，还有外镇的需求，加在一起，预测每年需石棉瓦45 000块、水泥18 000袋、玻璃9 000平方米，而且它们的需求是成比例的，一般比例为5∶2∶1。由厂家送货到镇上，一是货源得以保证；二是节约运费，降低成本；三是能树立良好的企业形象，在巩固市场占有率70%的同时，预计可扩大市场占有率5%以上。

　　厂家提供商品的进价为：石棉瓦12元/块、水泥14元/袋、玻璃8.5元/平方米；行业平均加价率为9.3%。金辉建材商店在市价平均价位以下制定的销售价为：石棉瓦13元/块、水泥15.2元/袋、玻璃9.2元/平方米。

　　如果将该商店作为代卖点，由厂家批量送货，还需租仓库两间，月租金为750元；招临时工一名，月工资为450元；每年需支付税金5 000元（估税）。

　　金辉建材商店经过一个月的调查，核算出过去几年经营石棉瓦、水泥、玻璃每年可获利润20 000元，他要重新预测代卖三种商品会带来多少利润，之后再作决策。

任务启示

　　在实践中，企业只产销一种产品的情况不多，绝大多数企业会同时生产和销售多种产品。因此，就有必要进行多品种保本分析。此案例中，石棉瓦、水泥、玻璃的耗用比例基本是稳定的,因此可以采用联合单位法进行多品种保本分析。通过本任务的学习,学生应掌握当企业生产销售多种产品时对保本点的计算,熟练运用多品种保本分析的综合边际贡献率法、联合单位法及分算法。

 任务重难点

多品种保本分析的综合边际贡献率法
多品种保本分析的联合单位法
多品种保本分析的分算法

 任务研习

在实践中,企业只产销一种产品的情况不多,绝大多数企业会同时生产和销售多种产品。因此,实务中更需要进行多品种的保本分析。

前述保本分析是以企业只产销一种产品为前提的。但企业往往是经营多种产品的,且每种产品的售价、单位变动成本、边际贡献以及边际贡献率等通常也是不相同的。同时,企业在进行经营筹划时,更想从企业整体的角度来预测产品产销的保本点和实现目标利润的销售金额,而不仅仅是了解某一种产品的有关这方面的数据。由此,就有必要进行多种产品的保本分析。

多品种保本分析的方法主要有综合边际贡献率法、联合单位法和分算法。

一、综合边际贡献率法

综合边际贡献率法是以各种产品的贡献毛益率为基础,以各种产品的销售额占企业总销售额的比重为权数,计算多种产品的综合贡献毛益率,进而计算出综合保本销售额,再根据各种产品的销售比重,计算各种产品盈亏平衡点的销售额和销售量的一种分析方法。

其具体分析步骤如下。

(1) 计算每种产品的边际贡献率。

(2) 计算每种产品的销售比重。其计算公式如下:

$$每种产品的销售比重 = 每种产品预计销售额 \div 全部产品的总销售额$$

(3) 计算综合边际贡献率。其计算公式如下:

$$综合边际贡献率 = \sum(某种产品的边际贡献率 \times 该种产品的销售比重)$$

(4) 计算综合保本销售额。其计算公式如下:

$$综合保本销售额 = \frac{固定成本}{综合边际贡献率}$$

(5) 计算每种产品的保本销售额和保本销售量。其计算公式如下:

每种产品的保本销售额＝综合保本销售额×该种产品的销售比重

每种产品的保本销售量＝每种产品的保本销售额÷该种产品的销售单价

【例 4-4】 甲公司明年将生产和销售三种产品，其有关预测资料如表 4-1 所示。

表 4-1　甲公司三种产品的有关预测资料　　　　　　　　　　　金额单位：元

项目	A产品	B产品	C产品	全年
销售数量(件)	800	400	700	
销售单价	25	40	20	
单位变动成本	15	30	12	
固定成本总额				35 200

要求：根据表 4-1 的资料计算每种产品的保本销售额和保本销售量。

(1) 先计算出 A、B、C 三种产品的有关数据，如表 4-2 所示。

表 4-2　甲公司三种产品相关数据　　　　　　　　　　　金额单位：元

项目	A产品	B产品	C产品	全年
单位边际贡献	10	10	8	
边际贡献率	40%	25%	40%	
销售收入总计	20 000	16 000	14 000	50 000
销售比重	40%	32%	28%	

(2) 计算三种产品的综合边际贡献率。

综合边际贡献率＝40%×40%＋25%×32%＋40%×28%＝35.2%

(3) 计算三种产品的综合保本额。

综合保本额＝35 200÷35.2%＝100 000(元)

(4) 计算每种产品的保本销售额和保本销售量，如表 4-3 所示。

表 4-3　保本销售额和保本销售量的计算

项目	保本销售额(元)	保本销售量(件)
A产品	100 000×40%＝40 000	40 000÷25＝1 600
B产品	100 000×32%＝32 000	32 000÷40＝800
C产品	100 000×28%＝28 000	28 000÷20＝1 400

二、联合单位法

联合单位法是以各种产品的单位边际贡献为基础，以各种产品的销售量占企业总销售量的比重为权数，计算多种产品的联合单位边际贡献，进而计算出企业联合单位保本点销售量和联合单位保本点销售额的一种分析方法。

联合单位，是指由各产品按其销售比重构成的一组产品，可用它来统一计量多品种生产企业的业务量，相应地可借助单一产品的方法进行保本点预测。

其具体步骤如下：

(1) 计算各种产品的单位边际贡献。

(2) 计算各种产品的销售比。

(3) 计算联合单位的边际贡献。其计算公式如下：

$$联合单位边际贡献 = \sum(某种产品的单位边际贡献 \times 该种产品的销售比)$$

(4) 计算保本点联合单位销售量。其计算公式如下：

$$联合单位保本点销售量 = \frac{固定成本总额}{联合单位边际贡献}$$

(5) 计算联合单位销售单价。其计算公式如下：

$$联合单位销售单价 = \sum(某种产品的单价 \times 该种产品的销售比)$$

(6) 计算联合单位保本点销售额。其计算公式如下：

$$联合单位保本点销售额 = 联合单位销售单价 \times 联合单位保本点销售量$$

【例4-5】 承[例4-4]，采用联合单位法计算该企业的保本点销售额。A、B、C三种产品的有关成本数据如表4-4所示。

表4-4 甲公司A、B、C三种产品的相关数据

产品	销售比（件）	单位边际贡献（元）	联合单位边际贡献（元）
A产品	8	10	80
B产品	4	10	40
C产品	7	8	56

由表4-4可知，联合单位边际贡献为176元（80+40+56），即销售一个联合单位（包括A产品8件、B产品4件、C产品7件），可以提供边际贡献176元。

联合单位保本点销售量 $= \dfrac{35\,200}{176} = 200$（件）

联合单位销售单价 $= 25 \times 8 + 40 \times 4 + 20 \times 7 = 500$（元）

联合单位保本点销售额 $= 200 \times 500 = 100\,000$（元）

三、分算法

分算法是先将多种产品共同发生的固定成本总额按照一定的方法分配给各种产品，然后对每种产品分别按单一产品的本量利分析模型进行计算分析，确定保本点销售量和销售额的一种分析方法。采用分算法进行多品种保本分析，与单一品种保本分析的原理相同。

【例4-6】 承[例4-4]资料。

要求：采用分算法计算三种产品的保本点销售量和保本点销售额。

(1) 按照 A、B、C 三种产品的机器工时分配固定成本。三种产品的单位机器工时及固定成本分配额如表 4-5 所示。

表 4-5　甲公司 A、B、C 三种产品固定成本分配表

项目	A产品	B产品	C产品	合计
产销量(件)	800	400	700	1 900
单位产品机器工时(小时)	5	4	2	
总机器工时(小时)	4 000	1 600	1 400	7 000
分配率(元/小时)		5.03		
固定成本分配额(元)	20 120	8 048	7 032	35 200

(2) 分别计算 A、B、C 三种产品的保本点销售量和保本点销售额。

A 产品的保本点销售量 = 20 120 ÷ 10 = 2 012(件)

A 产品的保本点销售额 = 2 012 × 25 = 50 300(元)

B 产品的保本点销售量 = 8 048 ÷ 10 = 805(件)

B 产品的保本点销售额 = 805 × 40 = 32 200(元)

C 产品的保本点销售量 = 7 032 ÷ 8 = 879(件)

C 产品的保本点销售额 = 879 × 20 = 17 580(元)

课程思政

在运用公式计算多品种的保本点时,固定成本与边际贡献(率)必须一致;统一为单一产品的,或者统一为所有产品的,应当遵循一致性原则。韩非子曾说:"夫不可陷之盾与无不陷之矛,不可同世而立。"告诫我们说话、做事要考虑周到,前后一致,不能自相矛盾。

任务拓展

一、单项选择题

甲产品单价为100元,单位变动成本为80元,乙产品单价为30元,单位变动成本为18元。甲产品产量为4 000件,乙产品产量为8 000件。则综合边际贡献率为(   )。

A. 20%   B. 40%   C. 60%   D. 27.5%

二、多项选择题

综合边际贡献率=(   )

A. $\sum$(各产品边际贡献率×该产品的销售收入)

B. $\sum$(各产品边际贡献率×该产品的销售比重)

C. 各产品边际贡献之和÷各产品销售收入之和

D. 各产品销售收入之和÷各产品边际贡献之和

三、判断题

在多品种情况下,若其他因素不变,只要提高边际贡献率较大的产品销售比重,就可以降低整个企业的综合保本销售额。   (   )

四、主题讨论

多品种保本分析为什么不能直接用单一品种保本分析的公式计算?

五、计算题

某企业计划期内生产和销售A、B、C三种产品,预计销售量、成本及单位产品售价资料如表4-6所示。

表4-6 某企业A、B、C三种产品相关数据

项目	A产品	B产品	C产品
产品销量(件)	10 000	6 000	5 000
销售单价(元)	30	20	16
单位变动成本(元)	21	12	10
生产工时(小时)	35 000	21 000	7 000
固定成本(元)		105 840	

要求:分别用综合边际贡献率法和分算法计算以下指标。

(1) A产品保本额、保本量。

(2) B产品保本额、保本量。

(3) C产品保本额、保本量。

任务四　经营安全程度分析

任务初探

> 东方乐器厂是一家有着40多年历史的乐器厂。该厂一直从事小提琴和中提琴的生产。由于该厂规模较小,生产人员较少,所以产品产量也较小,但产品的销路一直没有问题。
>
> 为生产中、小提琴,东方乐器厂设置了两个车间。一车间生产小提琴,二车间生产中提琴。生产费用按车间划分,企业管理费用按固定比例分配给两个车间。生产乐器的工人可以按照生产任务的多少在两个车间之间调动。每加工一把小提琴需要30个小时,中提琴需60个小时。小提琴年最大产量为1 000把,中提琴为600把,但该厂从来没有达到过这两个最大产量。
>
> 该厂厂长张伟在看过产销情况资料后认为,生产小提琴的利润比中提琴的要高,所以他决定在下一年度多生产小提琴100把,中提琴减产100把,从二车间抽调一部分人支援一车间生产,其他情况不变。结果令张伟感到吃惊,总利润反而下降了,所以两种产品分别销售多少才能保证其经营是安全的呢?

任务启示

在保本分析的基础上,只有当小提琴、中提琴的销售量大于保本点销售量时,东方乐器厂才能盈利。而且,小提琴、中提琴的销售量超过保本点销售量越多,该厂的经营就越安全。通过本任务的学习,学生应学会运用相关指标对企业进行经营安全程度分析。

任务重难点

安全边际、安全边际率、保本作业率的计算

任务研习

企业经营,最低限度是要保本,不盈不亏,在此基础上,再争取获得尽可能多的利润。当企业的实际销售情况超过保本点时才能盈利,这时企业经营才是安全的。

由前文保本分析和保利分析可知,只有当产品销售量(额)大于保本点销售量(额)时,企业才能盈利。并且,产品销售量(额)超过保本点销售量(额)越多,企业的盈利越多,企业的经营就越安全;反之,产品销售量(额)超过保本点销售量(额)越少,企业的盈利越少,企业经营就越不安全。

衡量企业经营安全程度的指标主要有两类：一类是安全边际，另一类是保本作业率。

一、安全边际

安全边际是指实际或预计销售量（额）超过保本销售量（额）的差额，很显然，差额越大，即安全边际额越大，说明企业的经营就越安全；反之则越危险。安全边际包括绝对量和相对量两种形式。

由于保本点有两种表现形式，安全边际的绝对量同样有两种表现形式，具体分为安全边际量和安全边际额；安全边际的相对量是指安全边际率。

（一）绝对量指标的计算

安全边际量及安全边际额的计算公式如下：

安全边际量＝实际或预计销售量－保本量
安全边际额＝实际或预计销售额－保本额

显然，安全边际量与安全边际额有如下关系：

安全边际额＝单价×安全边际量

为了便于理解，可在图 4-2 中标注安全边际。

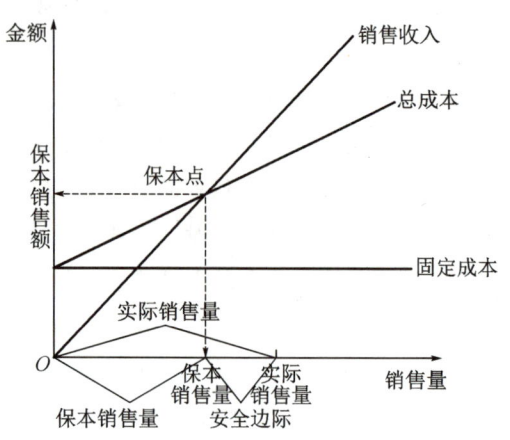

图 4-2　保本图中的安全边际

（二）相对量指标的计算

安全边际率反映出企业经营的安全程度。其计算公式如下：

$$安全边际率 = \frac{安全边际量}{实际或预计销售量} \times 100\% = \frac{安全边际额}{实际或预计销售额} \times 100\%$$

安全边际的绝对量指标与相对量指标都是正指标，即越大越好。西方一般用安全边际率来评价企业经营的安全程度，表 4-7 列示了安全边际率与评价企业经营安全程度的一般标准。

表 4-7　安全程度标准

安全边际率	10%以下	10%~20%	20%~30%	30%~40%	40%以上
安全程度	危险	值得注意	较安全	安全	很安全

二、保本作业率

保本作业率又称"危险率"，是指保本销售量（额）占实际或预计销售量（额）的百分比，其计算公式如下：

$$保本作业率 = \frac{保本销售量}{实际或预计销售量} \times 100\% = \frac{保本销售额}{实际或预计销售额} \times 100\%$$

从以上计算公式可以看出，保本作业率和安全边际率密切相关，两者之间的关系如下：

安全边际率＋保本作业率＝1

【例 4-7】 已知甲企业只生产 A 产品,单价 p 为 14 元/台,单位变动成本 b 为 7 元/台,固定成本 a 为 50 000 元。2×22 年生产经营能力为 14 000 台。

要求计算下列指标:
(1) 该企业的安全边际指标。
(2) 计算该企业的保本作业率。
(3) 验证安全边际率与保本作业率的关系。
(4) 评价该企业的经营安全程度。

解得：安全边际量＝14 000－7 143＝6 857(台)

安全边际额＝6 857×14＝95 998(元)

安全边际率＝6 857/14 000≈49%

保本作业率＝7 143/14 000≈51%

安全边际率＋保本作业率＝1

因为甲企业 A 产品的安全边际率为 49%,所以该企业经营很安全。

三、安全边际指标与利润的关系

因为只有安全边际才能为企业提供利润,所以安全边际和利润之间有必然的联系。安全边际部分的销售额减去其自身变动成本为企业利润,即安全边际中的边际贡献等于企业利润。这个结论可以通过下式加以论证：

因为： 利润＝销售收入－变动成本－固定成本
　　　　　　＝边际贡献－固定成本
　　　　　　＝销售收入×边际贡献率－固定成本
　　　　　　＝销售收入×边际贡献率－保本销售额×边际贡献率
　　　　　　＝(销售收入－保本销售额)×边际贡献率

所以： 利润＝安全边际额×边际贡献率

【例 4-8】 某企业全年产销 B 产品 4 000 件,单价 40 元,单位变动成本 30 元,固定成本总额 10 000 元。

要求：计算该产品的利润。

解：保本销售量＝$\dfrac{10\,000}{40-30}$＝1 000(件)

安全边际量＝实际销售量－保本销售量
　　　　　　＝4 000－1 000＝3 000(件)

安全边际额＝3 000×40＝120 000(元)

所以,利润＝安全边际额×边际贡献率
　　　　　　＝120 000×$\dfrac{40-30}{40}$
　　　　　　＝30 000(元)

用常规的方法计算利润,也会得到相同的结果:
利润＝销售收入－变动成本－固定成本
　　＝4 000×40－4 000×30－10 000＝30 000(元)

课程思政

通过学习经营安全程度分析,我们知道,想要保证企业经营的安全,首先得保本,因此,保本是经营安全的基础,在这个基础之上才能讨论企业经营是否安全,所以,我们做任何事情都要打好坚实的基础,"工欲善其事,必先利其器"。

任务拓展

一、单项选择题

1. 已知某企业只产销一种产品，单位变动成本为 45 元，固定成本总额为 60 000 元，产品单位售价为 120 元，为使安全边际率达到 60%，该企业当期应销售（　　）件产品。

  A. 80 000   B. 1 600

  C. 1 800   D. 2 000

2. 若某企业在一定时期内的保本作业率为 100%，则可断定该企业处于（　　）状态。

  A. 盈利   B. 保本

  C. 亏损   D. 以上都不对

3. 某企业去年单位产品售价 100 元，单位变动成本 60 元，固定成本总额 20 万元，去年销售量 1 万件，则该企业去年的安全边际率和保本作业率分别是（　　）。

  A. 50% 和 50%   B. 50% 和 45%

  C. 65% 和 35%   D. 35% 和 65%

二、多项选择题

1. 下列两个指标之和为 1 的有（　　）。

  A. 安全边际率与边际贡献率

  B. 保本作业率与变动成本率

  C. 安全边际率与保本作业率

  D. 变动成本率与边际贡献率

2. 安全边际率等于（　　）。

  A. $\dfrac{\text{安全边际量}}{\text{现有或预计的销售量}} \times 100\%$

  B. $\dfrac{\text{现有或预计的销售量} - \text{保本量}}{\text{现有或预计的销售量}} \times 100\%$

  C. $\dfrac{\text{现有或预计的销售量} - \text{保本量}}{\text{现有或预计的销售额}} \times 100\%$

  D. $\dfrac{\text{安全边际额}}{\text{现有或预计的销售额}} \times 100\%$

三、计算题

假设中宇公司仅产销一种产品，每件售价为 20 元，正常产销量为 500 000 件，成本资料如表 4-8 所示。

表 4-8　中宇公司成本资料表

项目		金额
生产成本	直接材料	5 元/件
	直接人工	2 元/件
	变动制造费用	2 元/件
	固定制造费用	300 000 元
销售费用	变动销售费用	1 元/件
	固定销售费用	20 000 元
管理费用	变动管理费用	2 元/件
	固定管理费用	80 000 元

要求：计算下列指标：

(1) 边际贡献率。
(2) 变动成本率。
(3) 保本量。
(4) 保本额。
(5) 安全边际率。
(6) 保本作业率。

任务五 相关因素变动对保本点与利润的影响

任务初探

海生股份有限公司今年准备生产一批装饰品,其中一种装饰品的单价为5元,单位产品变动成本为3元,全年固定成本为32 000元,全年预计销售量为20 000件,企业相关部门对该产品进行了保本分析及保利分析。但通过调查,该企业认为由于出现了一些新的情况,单价将降低到4.6元,同时还需增加广告费4 000元,这会影响之前的保本分析和保利分析结果吗?

任务启示

当单价和固定成本发生变动后,会导致保本点的位置发生变化,对利润也会产生一定的影响,可以运用本量利分析的基本公式或者本量利分析图逐一进行解析。通过本任务的学习,学生应学会分析当单价、单位变动成本、固定成本、销售量等因素变动后对保本点和利润产生的影响。

任务重难点

单价变动对保本点和利润的影响
单位变动成本变动对保本点和利润的影响
固定成本变动对保本点和利润的影响
销售量变动对保本点和利润的影响

任务研习

本量利分析是在一定的假定条件下展开的,如劳动生产率不变、各生产要素价格不变、产品品种结构不变、产品销售单价不变、单位变动成本不变、固定成本总额不变等。但是,在企业的实际经营过程中,由于市场供求关系的变化等不确定性因素的影响,各因素不可能固定不变,而是会随着环境的变化而变化,价格的波动、成本水平的升降等都会对盈亏平衡点和利润产生影响。因此,分析这些因素对盈亏平衡点影响的程度,有利于应对环境变化,及时采取措施保持或降低盈亏平衡点,以尽可能地减少亏损或追求更多的利润。

一、单位产品售价变动对保本点与利润的影响

(一) 单位产品售价变动对保本点的影响

单位产品售价的变动是影响保本点的一个重要因素。在市场经济条件下,产品价格

受市场供求关系的影响会经常发生变化。在成本水平一定的情况下,当单位产品的售价提高时,销售同样数量产品的销售收入会随之上升,从而补偿全部成本所需要的销售量会减少,保本点下降;相反,当单位产品的售价降低时,销售同样数量产品的销售收入会随之下降,从而补偿全部成本所需要的销售量会增加,保本点上升。

由保本点的计算公式"保本点的销售量=固定成本÷(单位产品售价-单位变动成本)"可知,保本点的变动和价格的变动成反比例关系,保本点随单位产品售价的变动呈反方向变动。也就是说,单位产品售价提高或降低时,保本点销售量会相应地下降或上升。

(二)单位产品售价变动对利润的影响

根据利润计算公式"利润=单位产品售价×业务量-变动成本-固定成本"可知,在成本和业务量水平一定的条件下,单位产品售价的变动,会引起销售收入的变化,从而对利润产生影响。利润和单位产品售价呈正比例变动,当单位产品售价提高或降低时,利润也相应地增加或减少。

从图4-3中可以看出,当单位产品售价上升时,销售收入线的斜率增大,保本点向左下方移动,相应的保本点的销售量和销售额降低。由于保本点的降低,盈利区也相应地扩大。

因此,可以得出结论:单位产品售价上涨,保本点降低左移,利润增加;单位产品售价下降,保本点提高右移,利润减少。

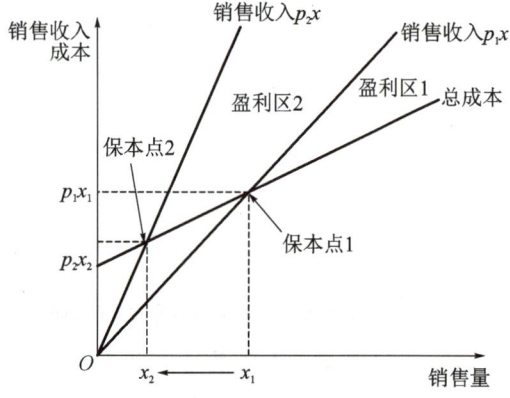

图4-3 单位产品售价变动对保本点和利润的影响

二、单位变动成本变动对保本点与利润的影响

(一)单位变动成本变动对保本点的影响

在其他因素不变的情况下,当单位变动成本降低时,单位边际贡献会增加,从而补偿固定成本所需要的销售量会减少,保本点下降;相反,当单位变动成本上升时,单位边际贡献降低,从而补偿固定成本所需要的销售量会增加,保本点会提高。

由保本点计算公式"保本点销售量=固定成本÷(单位产品售价-单位变动成本)"可知,保本点的变动和单位变动成本呈正比例关系,保本点随单位变动成本的变动呈同方向变动。也就是说,单位变动成本提高或降低时,保本点销售量会相应地提高或降低。

(二)单位变动成本变动对利润的影响

根据利润计算公式"利润=单位产品售价×业务量-变动成本-固定成本"可知,在价格和业务量水平一定的条件下,单位变动成本的变动,会引起变动成本总额和总成本水平的变动,从而对利润产生影响。利润和单位变动成本呈反方向变动,当单位变动成本提高或降低时,利润相应地减少或增加。

从图 4-4 中可以看出,当单位变动成本降低时,总成本线的斜率减小,保本点向左下方移动,相应的保本点的销售量和销售额降低。由于保本点的降低,盈利区也相应地扩大。

因此,可以得出结论:单位变动成本降低,保本点降低左移,利润增加;单位变动成本上升,保本点提高右移,利润减少。

三、固定成本变动对保本点与利润的影响

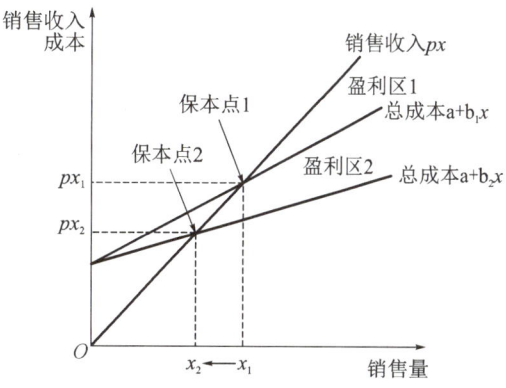

图 4-4　单位变动成本变动对保本点和利润的影响

(一) 固定成本变动对保本点的影响

在单位产品售价和单位变动成本不变的情况下,销售产品的单位边际贡献是一定的。当固定成本变动时,补偿固定成本所需的销售量就会相应变动,从而引起保本点的上升或下降。由公式"保本点销售量＝固定成本÷(单位产品售价－单位变动成本)"可知,保本点与固定成本呈正比例关系。也就是说,固定成本降低或升高时,保本点的销售量会相应地下降或上升。

(二) 固定成本变动对利润的影响

根据利润计算公式"利润＝单位产品售价×业务量－变动成本－固定成本"可知,在价格和业务量水平一定的条件下,固定成本的变动会引起总成本水平的变动,从而对利润额产生影响。利润和固定成本呈反方向变动,当固定成本升高或降低时,利润相应地减少或增加。

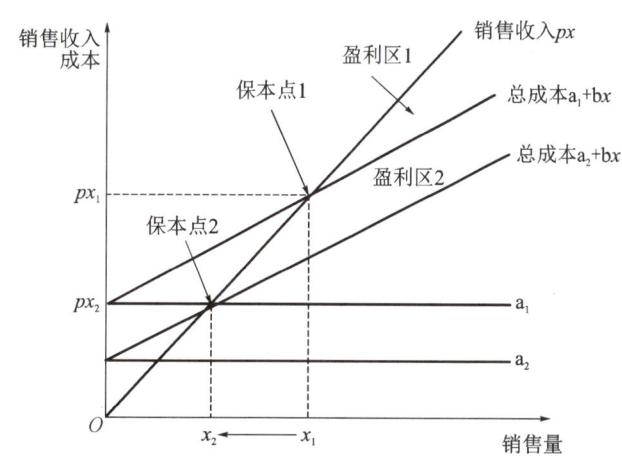

从图 4-5 中可以看出,当固定成本下降时,保本点向左下方移动,相应的保本点的销售量和销售额降低。由于保本点的降低,盈利区也相应地扩大。

图 4-5　固定成本变动对保本点和利润的影响

因此,可以得出结论:固定成本降低,保本点降低左移,利润增加;固定成本上升,保本点提高右移,利润减少。

四、销售量变动对保本点与利润的影响

市场供求关系的变化及企业促销手段的变化等都可能导致产品的销售量发生变动。由于保本点的高低是由单位产品售价、单位变动成本和固定成本三个因素决定的,销售量

的变动对保本点的销售量和销售额没有影响。

根据利润计算公式"利润＝单位产品售价×销售量－变动成本－固定成本"可知,每增加一个单位的销售量,就会增加一个单位的边际贡献,利润也会相应增加。因此,利润与销售量呈同方向变动。也就是说,当销售量增加或减少时,利润也会相应地增加或减少。

从图 4-6 中可以看出,当销售量上升时,保本点不变,盈利区随着销售量的上升而相应地扩大。

因此,可以得出结论:销售量不会对保本点有任何影响,但销售量的增加会使利润增加,销售量的下降会使利润减少。

五、多因素变动对保本点与利润的影响

在企业实际经营活动中,成本、价格和销售量等因素都不是独立存在的,而是

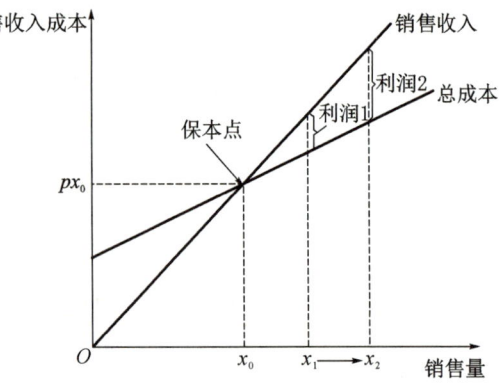

图 4-6　销售量变动对利润的影响

相互影响的,上述各因素单独变动的情况并不常见,更多的是多个因素同时变动。因此,为了反映实际情况,还需要综合计算分析多因素同时变动对保本点和利润的影响。

多因素同时变动对保本点和利润的影响,由这些因素共同作用的结果而定。如果单位产品售价上升,同时单位变动成本和固定成本下降,销售量增加,则保本点下降,利润增加;相反,如果单位产品售价下降,同时单位变动成本和固定成本上升,销售量减少,则保本点上升,利润减少。如果各因素同时上升或下降,则需要通过具体计算分析才能确定对保本点和利润的影响。

课程思政

以上分析是在假设只有一个因素变动,其他因素都不变的前提下进行的,而实际工作中一般都是多因素同时变动,因此我们看问题要全面,多角度进行思考,这样才更符合事物的客观发展规律。

任务拓展

一、单项选择题

1. 单位产品售价单独变动时,安全边际(　　)。

A. 不变

B. 不一定变动

C. 同方向变动

D. 反方向变动

2. 如果产品的单价与单位变动成本上升的百分率相同,其他因素不变,则保本销售量(　　)。

A. 上升

B. 下降

C. 不变

D. 不确定

3. 在其他因素不变的情况下,其变动不影响保本点的是(　　)。

A. 单位变动成本

B. 固定成本

C. 单价

D. 销售量

二、多项选择题

下列因素当中,(　　)呈上升趋势,会导致保本点升高。

A. 销售量

B. 单价

C. 固定成本

D. 单位变动成本

E. 目标利润

三、主题讨论

单价、单位变动成本、固定成本在长期内会发生变化吗?如果改变,其对保本点和利润会产生什么影响?

项 目 小 结

  本量利分析是以成本性态分析和变动成本法为基础,运用数学模型和图示,对成本、业务量和利润三者之间的数量关系进行分析,为企业进行预测、决策、计划和控制等活动提供支持的一种方法。本量利分析的内容包括保本分析、保利分析、经营安全程度分析等。其中,保本分析是本量利分析的核心。

  保本分析是研究当企业恰好处于保本状态时本量利关系的一种定量分析方法。保本分析的关键是保本点的确定。保本分析需要区分企业生产单一产品和多种产品两种情形分别进行分析。在实践中,企业只产销一种产品的情况不多,绝大多数企业会同时生产和销售多种产品。因此,实务中更需要进行多品种的保本分析。

  保利分析,即目标利润分析,是在本量利分析的基础上,计算为达到目标利润所需达到的业务量、收入和成本的一种利润规划方法。

  企业经营,最低限度是要保本,不盈不亏,在此基础上,再争取获得尽可能多的利润。当企业的实际销售情况超过保本点时才能盈利,这时企业经营才是安全的。衡量企业经营安全程度的指标主要有两类:一类是安全边际,另一类是保本作业率。

  本量利分析是在一定的假定条件下展开的,如产品销售单价不变、单位变动成本不变、固定成本总额不变等。但是,在企业的实际经营过程中,市场供求关系的变化等不确定性因素的影响,各因素不可能固定不变,而是会随着环境的变化而变化,因此,需要分析这些因素对保本点和利润的影响。

项 目 训 练

一、请结合相关资料，回答季风家居的本量利分析问题

上海季风工艺家居有限公司（以下简称季风家居）始建于1997年，是一家致力于打造高端原木定制家居的企业，现有生产厂房55 000平方米，在职员工600人。

季风家居集品牌、研发、设计、生产、制造于一体，是上海市宝山区规模企业，旗下拥有"紫檀公馆""世家大院"两个木作品牌，全国一二线城市旗舰店超过50家，ODM业务客户也均为一二线厨柜品牌。

目前，由于业界的竞争环境和市场经济状况，季风家居存货很多，引起了管理层的担忧。同时，季风家居在考虑设计一种欧式的实木椅，市价暂时定为250元，预测其第一年的销售量为20 000把，如果设计成功的话，销售量会上升到30 000把，售价中分销商加成为50%，固定管理费用为每年70 000元，直接成本为每把85元，请你为管理层提供下列数据：

1. 椅子保本产量为_____（把）。

2. 季风家居考虑先生产18 000把椅子，如果前六个月的销量大，就增加生产。请问，季风家居最初的试产所得利润是_____（元）。

3. 如果季风家居希望得到3 000 000元的利润，那么椅子应该生产_____（把）。

4. 如果季风家居把价格降至每把220元，销售量可能会升为35 000把。从利润角度讲，这一举措是否合理？

二、请结合相关资料，回答老古的畅销书相关问题

老古是畅销小说《老林鬼嚎》的作者，他准备在某出版社出版约15万字的小说续集，该出版社王编辑给出的稿费为8 000元，老古认为稿酬太低并请王编辑拿出稿酬依据。

王编辑告知有关数据：该书定价40元，对外发行按全价销售，预计销售量为4 000册，每册书的纸张和印刷成本约11元，出版需要的书号应交纳使用费30 000元。该出版社根据历年有关数据，要求每个书号要承担水电、税费等管理费用20 000元。另外，每个书号需承担盈利任务16 000元。王编辑据此分析：书的纸张和印刷成本为变动成本，而书号使用费、分摊管理费用、承担盈利任务、付作者稿酬为固定成本。

由此计算，该教材销售量必须达到_____（册）才能保本。

王编辑根据其多年从事出版工作的经验，预期销售量为4 000册，预定印刷量也为4 000册，其声称8 000元的稿酬已经很高了。

老古指出王编辑计算过程中存在以下问题：

1. 保本点的任务是弥补企业的成本，因此书号应承担的盈利任务16 000元不应计入，王编辑计算的保本量实际是保利量。正确的应为：保本销售量=_____（册）

2. 若只印4 000册将完不成出版社的盈利任务。但老古有信心，该书的销售量可以突破5 000册。因此，承诺愿按书价包销1 600册，也愿意承担部分风险将稿酬与实际销售

情况挂钩,但前提是出版社可以将稿酬改为按实际销售额的10%计算。

3. 假设由作者包销教材1 600册会冲击出版社原有预计的销售量10%左右,站在出版社王编辑的角度,可否接受老古的要求?

4. 若出版5 200册并能全部售出,利润为_____(元),能否完成书号应承担的盈利任务?

三、请结合相关资料,回答瑞安电气通过何种途径增加利润

瑞安燊鸿电气科技有限公司(以下简称瑞安电气)是一家专业开发生产、销售开关插座、电源排插、电源接线板的现代化电气科技企业。瑞安电气建立了从原材料进厂到成品出库一条龙的科学、全面、完整的品质控制体系。瑞安电气注重引进和采用国际尖端的技术和设备,依靠科学管理应用新材料、新工艺,积极投入并研制开发各种款式新颖、结构别致、性能安全的新产品。瑞安电气经过多年的研发,于20×7年重磅推出"百变"系列排插,形状和颜色都可以随意更换,获得市场的一致好评。其先后获得国家专利证书的认可,严格执行"新国标"要求,努力让每一个产品都受到消费者的喜爱。

瑞安电气从创业至今本着"质量求生存"的宗旨,产品采用纯银触点,导电部件采用优质铜材,绝缘部件采用高强度高绝缘的PC阻燃材料,保证了产品的电气寿命和安全性。

瑞安电气在国内电器用品领域经历了几年的竞争以后,发现竞争的困难越来越大。公司甲型开关插座现行销售单价为7.50元,年生产能力是60 000单位。其变动成本已经尽最大努力降到每单位6元,而且在短期的时间里不可能将年固定间接费用削减到60 000元以下。总经理提高利润的最佳办法,希望在短期内存在的可变因素不会发生变化。他正在考虑三种方案:

1. 通过加班的办法,设法挖掘公司内部潜力,增加20%的生产能力。由于发放加班津贴,直接人工成本每单位会增加0.3元。

2. 在现行销售单价7.50元的基础上加价10%。

3. 降价10%以利促销。

请仔细考虑背景资料中的三种方案,分别计算出其利润值。

1. 通过加班的办法,设法挖掘公司内部潜力来增加20%的生产能力。由于发放加班津贴,直接人工成本每单位会增加0.3元,利润为_____(元)。

2. 在现行销售单价7.50元的基础上加价10%,利润为_____(元)。

3. 降价10%以利促销,利润为_____(元)。

4. 如执行第3个方案,公司为保持目前的利润水平,还要增加_____(单位)产量。

5. 结合公司的背景资料及实际情况,你认为哪一种方案对公司最为有利?

四、请结合相关资料,回答魔星幼儿读物出版社的保本分析问题

魔星读物出版社是以生产幼儿读物为主的一家出版公司。公司的管理者计划在原来普通版的幼儿英语读物的基础上出版一套精装的"新世纪"幼儿英语快乐课堂,以使小读者们从视觉、触觉、听觉方面感受学习英语的快乐。其预算的生产成本及收入明细如下:

1. 无论精装的"新世纪"幼儿英语快乐课堂将出版多少册,制版、编辑、摄影师、录音师和作者的费用预计在 160 000 元。

2. 50 000 册精装的"新世纪"幼儿英语快乐课堂的印刷成本预计为每 1 000 册 2 000 元。

3. 无论印刷多少册,精装的"新世纪"幼儿英语快乐课堂的装订及完成费用预计每册为 2 元。

4. 向零售商如书店、报刊经销者提供精装的"新世纪"幼儿英语快乐课堂,预计售价为每册 12 元。

问题:

1. 保本点销售量为_____(册)。

2. 保本点销售额为_____(元)。

3. 如果精装的"新世纪"幼儿英语快乐课堂的实际销量为 35 000 册,请估计一下出版公司的安全边际量大致为_____(册),安全边际额为_____(元)。

4. 魔星读物出版社另有 1 000 册销量不好的幼儿读物,现在也不大可能卖掉。一个地方市场的经销商向他们出价 1 800 元买这些书。你认为魔星读物出版社的管理者应不应该接受这一经销商的出价。

五、请结合相关资料,回答大鹏智控的本量利分析相关问题

中山市大鹏智控有限公司是一家集研发、生产、销售和服务于一体的高新技术企业,是专注于智能家居、民用安全、智能物联的大型高新技术企业。

自成立以来,大鹏智控通过自主开发的智能产品、客户端软件和服务平台,满足了全球家庭用户和中小企业的家居、办公智能化和安全的需求,为消费者带来了更加智能、安全、方便和有趣的家居生活体验。

公司致力于智能家居安防产品的研发、生产与销售,拥有自主知识产权的核心技术。公司有智能报警系统、智能视频监控、智能物联(烟雾感应器、燃气探测器、一氧化碳探测器、门磁探测器、红外探测器、紧急开关、警号)等多项产品。

大鹏公司刚完成其 2020 年第四季度的营业,公司的最大年生产能力现在是 80 000 个单位,在这一水平上,其材料和人工的直接成本总共是 255 000 元;固定间接费用中用于生产的为 60 000 元,用于一般行政管理的为 50 000 元,用于推销的为 40 000 元(假设全部为固定费用)。变动间接费用在开始时变化幅度很大,现在按目前的生产能力已经保持在 145 000 元一年。成品的销售单价是 10 元。遗憾的是,在刚刚结束的这个年度里(参看上述有关数字),大鹏公司只生产和销售其总生产能力 50%的产品,市场情况现在正在好转,在下一年度里,公司希望将产量和销售量提高到生产能力的 75%。

请回答以下问题:

1. 企业的保本量为_____(单位/年)?

2. 完成生产能力 50%时的安全边际为_____(单位/年)?

3. 如果公司从只完成 50%的生产能力提高到 75%时,利润的增加额是_____(元)?

4. 完成75%的生产能力使新的安全边际为_____（单位/年）？

5. 通过调用安全边际工具，你认为大鹏公司完成75%的生产能力时的销售情况是否安全？

项目五 经营预测

学习目标

● 知识目标
  了解经营预测的含义及内容
  掌握预测的基本方法
  掌握销售预测的定量分析法

● 能力目标
  能熟练计算销售预测和利润预测指标,掌握其预测方法
  能运用经营杠杆系数进行利润预测分析

● 素质目标
  具有自主学习能力,能分析和解决企业经营预测中的实际问题
  具有用发展眼光看问题的能力

学习导图

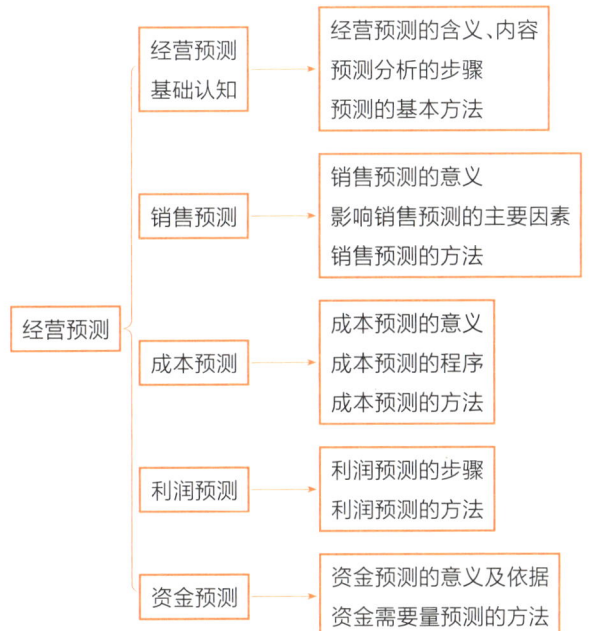

任务一　经营预测基础认知

任务初探

> 柯达公司在1976年以前,占据美国胶片和相机市场90%和85%的份额;1996年营业收入达到160亿美元的巅峰;2000年起,世界彩色胶片市场以每年20%~30%的速度下滑。2011年骤减至62亿美元;2012年申请破产。富士公司却在数码技术浪潮的冲击下华丽转型。原因何在?柯达公司误判致厄运,富士公司创新求变青春依旧。《中国产经新闻》评论:"柯达公司最可怕的是眼光落伍、意识落伍。"富士公司的成功与会长兼CEO古森重隆对企业发展的预测息息相关。他工作的第一个部门是经营策划部,做一些预测胶卷市场需求之类的分析工作。他很早就预感到排版工序的数码化将会颠覆胶卷行业。古森重隆2003年担任公司CEO,开始了大刀阔斧的改革。他制定了这样一个"四象限战略":用现有技术巩固现有市场,开发新技术应用于现有市场,将现有技术应用于新市场,研究新技术开拓新市场。富士公司最终选择生物医药、化妆品、高性能材料等增长可能性比较大的领域。

任务启示

企业的经营成功与预测工作息息相关。柯达公司正是由于没有在数码技术浪潮的冲击下做好预测工作,最后难逃破产的厄运,而富士公司却做到了,所以才能在冲击下华丽转型。通过本任务的学习,学生应明确什么是预测,什么是经营预测,预测的主要内容,应掌握预测的基本方法,为以后任务的学习奠定基础。

任务重难点

预测的内容

预测的基本方法

任务研习

凡事预则立,不预则废。企业要在竞争中立于不败之地,就必须掌握"鉴往知来"的本领。企业不仅要了解市场的过去和现状,更重要的是必须面向未来,对未来的发展趋势作出科学的预计和推测。

预测就是根据过去的历史资料和现在所能取得的信息,运用所掌握的科学知识和管理人员的实践经验,按照事物的发展规律有目的地预计和推测未来的行为,即根据过去和现在预计未来,由已知推断未知的过程。

一、经营预测的含义

经营预测,是指企业根据现有的经济条件和掌握的历史资料以及客观事物的内在联系,对生产经营活动的未来发展趋势和状况进行的预计和测算。管理会计中的预测分析,是指运用专门的方法进行经营预测的过程。

任何经济过程的发展趋势总有一定的规律性,而现代数学方法和电子计算机技术可以帮助人们从数量上深刻理解经济过程的本质,并能使人们认识和掌握它的规律。这就为人们对经济过程的发展变化进行科学预测提供了可能。但是,由于客观世界的复杂性和不确定性与人类认识局限性之间的矛盾,预测科学仍然处于成长阶段,并且随着科学技术的进步在不断修正和完善。执行预测工作的人员在自身的知识、经验及价值取向等方面也存在着差异性。所以,在预测分析中必须综合运用社会科学、自然科学等方面的成果,运用各种合理的预测分析方法开展科学的预测分析工作。

二、经营预测的内容

会计不仅要真实、准确地反映过去,有效地控制现在,还应该科学地预测未来销量、利润、成本和资金。销量、利润、成本和资金在不同程度上受社会、经济技术、自然环境和企业特点等因素的限制和影响。

经营预测是现代管理会计的重要职能之一。管理会计中的预测分析,是为实现企业经营目标而开展的销售预测、成本预测、利润预测和资金预测的统称。

(一) 销售预测

销售预测又称产品需求预测,是指根据企业产品过去的经营状况及其他有关资料,对未来一定时期内销售数量(或金额)、销售状态及变化发展趋势的预计和推测。做好销售预测,可减少盲目生产,使企业的供应、生产、销售之间合理衔接,从而提高企业的经济效益。所以,销售预测是企业经营预测的核心,是成本预测、利润预测和资金预测的基础,也是编制生产经营预算、组织生产活动的前提。

(二) 成本预测

成本预测是指根据历史成本资料及企业现有的经济、技术条件和今后的发展前景,运用专门方法,对未来一定时间内的成本水平及其发展变动趋势所进行的科学预计和推测。成本预测是正确编制成本预算的重要依据。通过成本预测,还能够揭示企业生产经营各个方面与产品成本之间的内在联系,为企业制定各项有关经营决策提供重要的依据。

(三) 利润预测

利润预测是指在销售预测的基础上,根据企业未来发展目标和其他相关资料,对未来一定时间内可能达到的利润水平和变动趋势所进行的科学预计和推测。通过利润预测,可以合理地确定目标利润,使企业的总体目标具有科学性和可行性。

(四) 资金预测

资金预测是指在销售预测、利润预测和成本预测的基础上,根据企业未来经营发展目标并考虑影响资金的各项因素,运用一定方法预计、推测企业未来一定时期内或一定项目所需要的资金数额、来源渠道、运用方向及其效果的过程。广义的资金预测包括全部资金需要量及其来源预测、现金流量预测、资金分布预测和资金运用效果预测;狭义的资金预测是指资金需要量预测。通过资金预测可为企业编制资金计划提供依据。

三、预测分析的步骤

预测是一项复杂的工作,必须有目的、有组织、有计划地进行,以保证预测的科学性和有效性。预测分析一般可按以下步骤进行。

1. 确定预测目标

企业必须弄清对什么进行预测,将达到什么目的,如预测销售量、预测成本等。只有目标明确,才能做到有的放矢。确定预测目标需要根据企业经营的总体目标来设计和选择。在预测目标确定的同时,还应根据预测的具体对象和内容确定预测的范围,并规定预测的期限。

2. 收集和整理资料

预测目标确定后,应着手围绕预测目标收集从过去到现在的必要的信息资料,包括经济的、技术的、市场的计划资料和实际资料等。同时,还必须对收集的这些信息资料进行鉴别、加工、整理、归纳、分析,找出各因素之间的相互依存、相互制约的关系,并从中找出事物发展的规律,作为预测的依据。

3. 选择预测方法

预测的方法很多,每一种方法都有其特定的应用环境和要求,因此,在预测时,我们应根据不同的预测目标和占有资料情况,以及预测目标与影响因素之间的关系,选择采用不同的预测方法。对于那些可以建立数量模型的预测对象,应反复筛选比较,以确定最恰当的定量预测方法;对于那些缺乏定量资料无法开展定量分析的预测对象,应当结合以往经验选择最佳的定性预测方法,以确保预测结果有较高的精确度。

4. 作出预测结论

利用预测方法对影响预测目标的各个方面进行具体的计算、分析和比较,得出定量分析或定性分析的预测结果,作出预测结论,从而揭示事物的变化趋势。

5. 检查验证,修正预测值

通过检查前期预测结论是否符合当前实际,找出误差,并分析产生差异的原因,来验证预测方法是否科学有效,预测结论是否准确,以便将预测值及时加以修正。

6. 报告预测结论

最终要以一定形式通过一定程序将修正过的预测结论向企业的有关领导报告。

四、预测的基本方法

预测的方法种类繁多,大体上存在着一百多种预测方法,但常用的只有十几种。每种预测方法都有它的适用范围,有时可以用几种方法来预测同一个对象,以进行相互补充和验证,提高预测结果的精确度。预测具体方法的选择受预测对象、目的、时间以及精确程度等因素的影响。基本方法可归纳为定性预测法和定量预测法两大类。

(一)定性预测法

定性预测法又称非数量分析法,是一种直观性的预测方法,主要通过调查研究的方式,由有关方面的专业人员根据个人经验和知识,结合预测对象的特点进行综合分析,对事物的未来状况和发展趋势作出推测的一类预测方法。这种方法主要是由熟悉企业情况的人员或业务专家,应用自己的专业知识和经验,对过去和现在发生的问题进行分析,从中找出规律,然后通过召开座谈会或发出征求意见书等各种形式综合分析,作为预测未来的依据。定性预测法主要适用于缺乏历史资料以及需要对定量分析的结果进行补充的情况。

由于定性预测法都是通过预测者的经验和主观判断进行预测的,其又常被称为主观预测法。采用定性预测法分析时,要特别注意尊重客观实际,不能主观臆断。定性预测法包括典型调查法、全面调查法、直接调查法、间接调查法、专家集合意见法等。

(二)定量预测法

定量预测法又称数量分析法,是指在完整掌握与预测对象有关的各种定量资料的基础上,运用现代数学方法进行数据处理,据以建立能够反映有关变量之间规律性联系的各种预测模型的方法体系。定量预测法的关键在于建立和使用合适的数学模型。因此,能否搜集到足够可靠的数据资料是采用定量预测法的首要条件。定量预测法按照具体方式的不同,又可分为趋势外推预测法和因果预测法。

1. 趋势外推预测法

趋势外推预测法是根据某项指标过去的、按时间顺序排列的数据,运用一定的数学方法进行加工、计算,借以预测未来发展趋势的预测方法,也就是将时间作为制约预测对象变化的自变量,把未来作为历史的自然延续,属于按事物自身发展趋势进行预测的一类动态预测方法,亦称为时间序列预测法。它的实质就是应用事物发展的连续性原理和数量统计的方法来预测事物发展的趋势。属于这种方法的有算术平均法、移动平均法、趋势平均法、加权平均法、指数平滑法和修正的时间序列回归分析法等。

2. 因果预测法

因果预测法是根据某项指标与其他有关指标之间的相互依存、相互制约的规律性联系,建立相应的因果数学模型来进行预测的方法,也就是根据变量之间存在的因果函数关系,按预测因素(即非时间自变量)的未来变动趋势来推测预测对象(即因变量)未来水平的一类相关预测方法。它的实质就是通过事物发展的因果关系来推测事物发展的趋势。因果预测法一般是根据所掌握的资料,找出所要预测的变量与它相关联的变量之间的关系。一般把预测对象作为因变量 y,把影响预测对象变化的变量作为自变量 x,如果函数关系为线性,可以用回归直线法建立预测模型;如果影响预测对象变化的变量有一个以上,可建立多元线性回归预测模型。属于这类方法的有本量利分析法、投入产出法、回归分析法和经济计量法等。

在实际预测工作中,预测人员应根据具体情况把定量分析法和定性分析法结合起来加以应用,才能收到良好效果,因为它们并非相互排斥,而是相辅相成的。定量分析法虽然较精确,但许多非计量因素无法考虑。即使对一个具有完备历史资料的企业进行预测,除运用定量分析法建立经济预测模型,进行数学推导外,还应充分考虑国家方针政策、经济发展趋势、竞争对手的动态、投资者的意向等难以或不能归纳在数学模型之内的许多非计量因素的影响,才能使预测结果更加接近客观实际,准确性更高。因此,在预测工作中应将两者结合应用,相互取长补短,以提高预测分析的准确度和可信度。

课程思政

《礼记·中庸》中曾提到,"凡事预则立,不预则废"。这里的预是计划、准备的意思。我们做任何事情,预先有规划才能做到有的放矢,稳扎稳打,最终取得成功,反之则会一事无成。比如,讲话前有所准备就能言之有据,不然就会理屈词穷站不住脚;行动前有所准备就能及时化解风险,不然就会追悔莫及。

任务拓展

一、单项选择题

1. 预测分析的内容不包括（ ）。

    A. 销售预测

    B. 利润预测

    C. 资金需要量预测

    D. 所得税预测

2. 预测方法分为两大类，即定量预测分析法和（ ）。

    A. 平均法

    B. 定性预测分析法

    C. 回归分析法

    D. 指数平滑法

二、多项选择题

1. 下列各项中，属于趋势预测分析法的有（ ）。

    A. 算术平均法

    B. 指数平滑法

    C. 回归分析法

    D. 调查分析法

    E. 移动平均法

2. 定量分析法包括（ ）。

    A. 判断分析法

    B. 集合意见法

    C. 非数量分析法

    D. 趋势外推预测法

    E. 因果预测法

三、思考题

在预测分析的实践中，定量分析法为什么要与定性分析法结合起来使用？

任务二　销售预测

任务初探

比欧汽车公司是国内知名的生产自主品牌的汽车公司。我国汽车消费增长迅速，市场空间巨大。比欧汽车公司为继续扩大销售量，维持经营业绩的稳定增长，其管理层决定扩大生产适合乡镇人群消费以及出行便利的汽车。财务总监需要依据公司层战略对2023年不同型号的汽车销售量进行预测。比欧汽车公司生产灵动、先锋、旗舰三种型号的小轿车，2022年7～12月份灵动牌汽车实际销售量资料如表5-1所示（2023年1月的预测销售量为2 800辆）：

表5-1　2022年7～12月份灵动牌汽车销售资料

月份	7	8	9	10	11	12
销量（辆）	2 760	2 930	3 100	2 600	3 050	3 100

比欧汽车公司财务总监该如何对灵动汽车2023年1月份的销售量进行预测？

任务启示

在对销售量进行预测时，可采用全面调查法、典型调查法、专家集合意见法等定性预测法，也可采用算术平均法、加权平均法、移动平均法、回归分析法等定量预测法。通过本任务的学习，学生应了解销售预测的意义，掌握销售预测的方法。

任务重难点

销售预测的意义
销售预测的定性方法
销售预测的定量方法

任务研习

在以市场为导向的市场经济环境中，销售预测在企业经营预测系统中处于先导地位，对于指导成本预测、利润预测和资金预测，制订经营计划，组织生产和进行经营决策都起着重要作用。

一、销售预测的意义

任何企业获得利润的关键都是将本企业生产的产品销售出去。因此，销售是企业整个生产经营活动过程的中心环节。企业的销售环节是再生产活动的前提条件，也是再生产活动的继续。销售既是企业经营活动的最后环节，也是经济活动的起点。没有产品的销售，企业就无法补偿产品生产、管理和经营中消耗的各种费用。因此，企业的销售预测处于先导地位。只有在做好销售预测的前提下，才能开展其他各项经营预测工作。

二、影响销售预测的主要因素

影响销售预测的因素很多，一般可分为外部和内部两类。影响销售预测的外部因素有：当前市场环境、企业的市场占有率、经济发展趋势、竞争对手情况等。影响销售预测的内部因素有：产品的价格、产品的功能和质量、企业提供的配套服务、企业的生产能力、各种广告手段的应用、推销的方法等。预测时应区分轻重缓急并综合地考虑这些因素，选择适当的方法进行预测。

三、销售预测的方法

销售预测的方法有很多种，归纳起来有两大类：定性销售预测法和定量销售预测法。

（一）定性销售预测法

定性销售预测法主要是借助有关专业人员的政策水平、知识技能、实践经验和综合分析力，在调查研究的基础上，对企业产品的市场销售量的发展趋势作出判断和预测。这种方法通常在缺乏完备、系统的信息资料或者影响销售量的有关因素难以定量化的情况下采用。定性销售预测法具体包括全面调查法、典型调查法、专家集合意见法及推销员判断法等。

1. 全面调查法

全面调查法是对涉及同一产品的所有销售对象进行逐一调查，经综合分析整理以后，推测该产品在未来一定时期内产品销售变动的总体情况。采用全面调查法可以取得比较完整、可靠的资料，但工作量较大，耗费较多，所需时间较长。全面调查法主要适用于对某些使用范围和用户有限的专用产品进行预测。

2. 典型调查法

典型调查法就是针对某些产品，通过对一些重要用户需求情况的调查，推算其市场需求量及发展趋势。其内容主要包括对产品的数量需求、用户的购买能力、生活方式、季节变化，进行调查，并进行科学的整理分析，得出正确的销售预测结果。典型调查的对象尽量体现出普遍性和代表性，以提高预测效果。

3. 专家集合意见法

专家集合意见法是指见识广博、知识丰富的经济专家根据他们多年的实践经验和判断能力对特定产品的未来销售量进行判断和预测的一种方法。这里的专家一般指企业的高层决策者、销售部负责人、经销商和其他外界的专家，不包括顾客和推销员。这种方法预测的结果容易受少数权威人士意见的左右，或碍于情面而难于说出事实的真相，故采用这种方法一定要从企业整体利益出发，不必受他人影响和约束。

4. 推销员判断法

推销员判断法是由企业的推销人员根据他们的调查，将各个顾客或各类顾客对特定预测对象的销售预测值填入卡片或表格,然后由销售部门经理对此进行综合分析以完成预测销售任务的一种方法,又称意见汇集法。这种方法的原理是:基层销售人员最熟悉市场,能直接倾听顾客的意见,因而能够提供直接反映顾客要求的信息。

定性分析法的特点是以经验为基础,简便易行,但缺乏具有说服力的数学依据,而且预测的主观因素较多,偏差的可能性较大,其主要在资料不完备、客观上无法用定量分析时采用。

(二)定量销售预测法

1. 算术平均法

算术平均法是以过去若干期的销售量或销售额的算术平均数作为计划期的销售预测值的方法。这种方法的假设前提是过去怎样,未来也会怎样发展,适用于各期销售水平变化不大的产品的销售预测。如果预测产品销售波动较大,则不适合采用此方法。其计算公式如下:

$$计划期销售预测值 = \frac{各期销售量(额)之和}{期数}$$

【例 5-1】 某企业生产一种产品,2×21 年上半年销售资料如表 5-2 所示。该产品历年各期的销售比较稳定。

要求:按算术平均法预测 2×21 年 7 月份的销售量。

表 5-2 销售资料　　　　　　　　　　　　　　　单位:吨

月份	1	2	3	4	5	6
销售量	30	29	31	30	32	33

2×21 年 7 月份的预测销售量为:

$$\frac{30+29+31+30+32+33}{6} = 30.83(吨)$$

算术平均法的优点是计算简单,但没有考虑近期销售量的变动对预测值的影响,从而容易造成一定的预测误差。

2. 加权平均法

加权平均法是对过去若干期间内的销售量(额)按照近大远小的原则分别确定不同的权数,将各期销售数据与权数相乘,最后加总求和,以计算出的加权平均数作为未来期间销售预测值的一种方法。其计算公式如下:

$$计划期销售预测值 = \frac{\sum 某期销售量(额) \times 该期权数}{各期权数之和} = \sum 某期销售量(额) \times 该期的权数$$

加权平均法对权数的确定可采用以下两种方法:

(1)取绝对数权数,即按自然数序列 1,2,3,…,n 为时间序列各期销售量(额)确定的权数,如第一期权数为 1,第二期权数为 2,……,第 n 期权数为 n。

(2)取相对数权数,即为时间序列各期销售量(额)确定递增的相对权数,但必须使权数之和等于1。

【例5-2】 承[例5-1]，该产品2×21年上半年销售量及各期的权数如表5-3所示。

要求：按照加权平均法预测2×21年7月份的销售量。

表5-3 销售资料 单位：吨

月份	1	2	3	4	5	6
销售量	30	29	31	30	32	33
权数	11%	12%	16%	19%	20%	22%

2×21年7月份的预测销售量为：

$30×11\%+29×12\%+31×16\%+30×19\%+32×20\%+33×22\%=31.1$（吨）

加权平均法与算术平均法相比，弥补了算术平均法的缺陷，使企业的预测更加接近于实际，加大了预测期与近期的联系。但由于确定权数存在主观性，因而可能出现预测的人为差异。

3. 移动平均法

移动平均法是指在掌握 n 期历史资料的基础上，按照事先确定的期数 m 逐期分段计算 m 期的算术平均数，并以最后一个 m 期平均数作为未来 $n+1$ 期预测销售量的一种方法。所谓"移动"，就是预测值随着时间的不断推移，计算的平均值也在不断地向后顺延。移动平均法假定预测值主要受最近 m 期销售量的影响。其计算公式如下：

$$计划期销售预测值 = 最后m期算术平均销售量（额） = \frac{最后m期销售量（额）之和}{m}$$

【例5-3】 承[例5-1]，该产品2×21年上半年销售量如表5-1所示。

要求：按照移动平均法（$m=3$）预测2×21年7月份的销售量。

2×21年7月份的预测销售量为：

$$\frac{30+32+33}{3}=31.67（吨）$$

移动平均法考虑到远近期销售量对预测值的影响程度不同，但只考虑 n 期数据中的最后 m 期资料，缺乏代表性。此法适用于销售量略有波动的产品销售量预测。

4. 指数平滑法

指数平滑法是指采用由近及远指数递减权数的加权平均预测法。它是在综合考虑有关前期预测销售量和实际销售量信息的基础上，利用事先确定的平滑指数预测未来销售量的一种方法，其本质是加权平均法。其计算公式如下：

计划期销售预测值 ＝ 平滑指数 × 前期实际销售量 ＋（1－平滑指数）× 前期预测销售量

平滑指数是一个经验数据，其取值范围通常为0.3~0.7。一般来说，平滑指数的取值越大，近期实际值对预测结果的影响就越大；平滑指数越小，近期实际值对预测结果的影响就越小。因此,进行近期预测或销售波动较大的预测,应采用较大的平滑指数;进行长期预测或销售量波动比较小的预测,应采用较小的平滑指数。

【例 5-4】 某企业 2×22 年 12 月份生产的 A 产品的实际销售量为 33 吨,当月的预测销售量为 32 吨,设平滑指数为 0.3。

要求:用指数平滑法预测 2×23 年 1 月份 A 产品的销售量。

2×23 年 1 月份的预测销售量为:

$0.3 \times 33 + (1-0.3) \times 32 = 32.3$(吨)

5. 回归分析法

回归分析法假定影响预测对象(销售量或销售额)的因素只有一个且线性相关,则可以根据历史资料建立线性方程模型 $y=a+bx$,然后根据数学上的最小二乘法来定一条误差最小、最能反映自变量 x 和因变量 y 之间线性关系的直线。其参数计算公式如下:

$$b = \frac{n\sum xy - \sum x \sum y}{n\sum x^2 - (\sum x)^2}$$

$$a = \frac{\sum y - b\sum x}{n}$$

根据上述公式求出 a、b 的值后,结合自变量的预计销售量或销售额代入公式,即可求出预测对象的预计销售量或销售额。

【例 5-5】 某轮胎厂专门生产汽车轮胎,汽车销售量是决定轮胎销售量的主要因素。该厂所在省的最近 5 年汽车实际销售量统计资料及该厂最近 5 年的轮胎实际销售资料如表 5-4 所示。现假定该厂所在省 2×22 年汽车销售量为 25 万辆。

要求:用回归分析法预测该轮胎厂 2×22 年的轮胎销售量。

表 5-4 汽车和轮胎销售量的历史资料

年度	2×17	2×18	2×19	2×20	2×21
汽车销售量(万辆)	10	12	15	18	20
轮胎销售量(万只)	64	78	80	106	120

设汽车销售量为 x,轮胎销售量为 y,根据表 5-3 编制轮胎厂轮胎销售量预测计算表,如表 5-5 所示。

表 5-5 轮胎厂轮胎销售量预测计算表

年度	汽车销售量(x)	轮胎销售量(y)	xy	x^2
2×17	10	64	640	100
2×18	12	78	936	144
2×19	15	80	1 200	225

(续表)

年度	汽车销售量(x)	轮胎销售量(y)	xy	x^2
2×20	18	106	1 908	324
2×21	20	120	2 400	400
$n=5$	$\sum x=75$	$\sum y=448$	$\sum xy=7\,084$	$\sum x^2=1\,193$

根据表5-5的数据计算得出：

$$b=\frac{n\sum xy-\sum x\sum y}{n\sum x^2-(\sum x)^2}=\frac{5\times 7\,084-75\times 448}{5\times 1\,193-75\times 75}=5.35$$

$$a=\frac{\sum y-b\sum x}{n}=\frac{448-5.35\times 75}{5}=9.35$$

$y=9.35+5.35x$

即：2×22年轮胎销售量 $=9.35+5.35\times 25=143.1$（万只）

课程思政

销售预测既可以运用全面调查法、典型调查法等定性预测法，也可以采用算术平均法、加权平均法等定量预测法，两类方法各有其优缺点，因此将二者结合使用可以提高预测结果的准确性。《史记·伯夷列传》中曾提到，"伯夷、叔齐虽贤，得夫子而名益彰"。两件事物互相配合，双方的作用才更能凸显出来。

任务拓展

一、多项选择题

1. 指数平滑法实质上属于(　　)。

A. 平均法

B. 算术平均法

C. 因果预测分析法

D. 趋势外推分析法

E. 特殊的加权平均法

2. 定量销售预测法有(　　)。

A. 移动平均法

B. 算术平均法

C. 指数平滑法

D. 回归分析法

二、思考题

在销售预测时,以下五个因素哪些可以量化?哪些不能量化?

(1) 社会经济发展规模与速度。

(2) 社会购买力水平变化。

(3) 消费结构和消费倾向。

(4) 市场价格的变化趋势。

(5) 市场竞争态势。

三、计算题

连胜电器公司今年1～6月销售冰箱的历史资料如表5-6所示。

表5-6　连胜电器公司1～6月销售冰箱资料

月份	1	2	3	4	5	6
冰箱(台)	490	480	500	505	498	512
权数	0.05	0.1	0.1	0.2	0.25	0.3

(1) 用算术平均法预测今年7月冰箱的销售量。

(2) 用加权平均法预测今年7月冰箱的销售量,小数点后数字不保留。

任务三　成本预测

 任务初探

2018年4月2日,金立智能手机公司(以下简称金立)官方微博称:"对金立工业园的部分员工通过协商解除劳动合同,并提供'N+1'的赔偿方案;未来,金立工业园将保留50%左右的员工负责继续生产,保证生产线的正常运转。"这印证了金立确实深陷债务危机,要裁员50%自救。究其原因,是金立自2017年年底出现资金链断裂问题以来,债务超过100亿元。2017年,金立一口气推出了8款全面屏手机,并主攻线下。这几款新机功能定位重复,差异不大,在向年轻时尚的品牌定位转型上,很难比得上OPPO和VIVO。

金立资金链问题爆发的主要原因是2016年和2017年营销费用和投资费用投入超限。2016年至2017年,金立营销费用投入超过60亿元,近3年对外投资费用超过30亿元,两项费用总和接近100亿元。2016年至2017年,金立先后邀请冯小刚、余文乐、徐帆、薛之谦、刘涛、柯洁等担任品牌代言人,金立给外界的一贯印象都是"我们很有钱",但砸了大钱的营销没能转化成销量,就成了"打肿脸充胖子"。它想要薄利多销,但在"多销"不成的现实下,最终导致盈利堪忧。

思考:金立高额的营销费用如何影响它的经营预测?

 任务启示

企业为了提高竞争力,实现目标利润,增加企业价值,必须重视降低产品成本的问题。成本的降低不仅要注重成本计算和事后的成本分析,更要在事前进行成本预测。为了保证利润水平,金立在进行成本预测时应当全面考虑其高额的营销费用这一问题。通过本任务的学习,学生应了解成本预测的意义和成本预测的程序,掌握成本预测的方法。

 任务重难点

成本预测的高低点法

成本预测的加权平均法

成本预测的回归分析法

 任务研习

成本预测就是根据有关数据资料,运用定性分析和定量分析的方法对未来成本水平及其变动趋势作出科学的测算,推测成本发生的必然性和可能性,为成本的计划、控制和决策提供依据。

一、成本预测的意义

成本预测是根据企业未来的发展目标和现实条件,参考其他资料,利用专门方法对企业一定时期的一定产品或某个项目未来成本水平及其发展趋势所进行的推测和估算。做好成本预测,对于加强成本管理、研究如何降低成本、提高经济效益以及正确进行生产经营决策,都具有十分重要的意义,具体体现在以下三个方面。

(1) 成本预测既是全面加强企业成本管理的首要环节,也是正确编制产品成本计划的前提条件。

(2) 成本预测为企业挖掘降低成本的潜力、提高经济效益指明方向。

(3) 成本预测是企业管理当局正确进行生产经营决策的依据。

二、成本预测的程序

成本预测通常按以下步骤进行。

(一) 提出目标成本草案

目标成本是指在确保实现目标利润的前提下,企业在成本方面应达到的目标。它规定着企业未来降低成本的努力方向,一般具有效益性、可控性、目的性与先进性的特点。目标成本的提出与测定应经过反复测算才能完成。一般可采用以下两种方法进行预测。

1. 按目标利润进行预测

这种方法以事先确定的目标利润为前提,通过市场调查,根据销售预测和国内外同类企业的情报资料,考虑具有竞争能力的价格水平,按照预计销售收入扣除目标利润就可得到所需的目标成本。其计算公式如下:

$$目标成本 = 预计单价 \times 预测销售量 - 目标利润$$
$$= 预计销售收入 - 目标利润$$

按目标利润进行预测可以使目标成本与目标利润的水平衔接起来。但它无法直接确定目标固定成本和目标单位变动成本指标,还需在此基础上继续分析。

2. 以先进的成本水平作为目标成本

目标成本可以从本企业历史最好的成本水平或国内外同类产品先进水平中选择标准,也可以按照上年实际水平扣减成本降低率来确定。这种方法可以直接确定单位目标成本,但无法与目标利润联系起来。

(二) 预测成本的发展趋势

目标成本提出后,企业还需要利用有关总成本模型预测总成本发展趋势,以检验在现有条件下实现目标成本的可能性与现实性。预测总成本的内容包括两个方面:一是预测一定时期内各项成本费用的总体水平和结构,二是预测在组织一定销售量时的有关成本水平。

(三) 修订目标成本

通过检查预测结论是否符合当前实际,找出误差,分析产生差异的原因,并适当修正目标,使之尽量符合客观实际。

三、成本预测的方法

进行成本预测最常用的方法有高低点法、加权平均法和回归分析法三种。

(一) 高低点法

高低点法是将成本费用的发展趋势用函数 $y=a+bx$ 来表示,选用一定时期历史资料中的最高业务量和最低业务量以及对应的成本,按照两点确定唯一直线的原理求出 a 和 b 的值。其计算公式如下:

$$b = \frac{y_{高} - y_{低}}{x_{高} - x_{低}}$$

$$a = y_{高} - bx_{高} \quad 或 \quad a = y_{低} - bx_{低}$$

求出 a、b 值后,再代入计划期的总成本方程式即可预测出计划期的产品总成本和单位成本。

【例 5-6】 某企业生产甲产品的有关历史资料如表 5-7 所示。该企业计划年度内生产该产品 10 000 台。试用高低点法预测计划年度内甲产品总成本水平。

表 5-7　甲产品的产量、成本表　　　　　　　　　金额单位:元

项目	产量(台)	总成本
1	15 000	7 000 000
2	16 000	7 500 000
3	18 000	8 000 000
4	19 000	8 600 000
5	19 500	8 750 000
6	20 000	9 000 000
7	18 050	8 100 000
8	18 900	8 300 000

$$b = \frac{y_{高} - y_{低}}{x_{高} - x_{低}} = \frac{9\,000\,000 - 7\,000\,000}{20\,000 - 15\,000} = 400(元)$$

$a = 9\,000\,000 - 400 \times 20\,000 = 1\,000\,000(元)$

预计计划年度总成本 $= 1\,000\,000 + 400 \times 10\,000 = 5\,000\,000(元)$

(二) 加权平均法

加权平均法是根据过去若干期的固定成本总额和单位变动成本的历史资料,按其距离计划期的远近给予不同的权重,用加权平均数计算计划期的产品成本。其计算公式如下:

$$y = \sum a_i w_i + \sum b_i w_i x$$

【例 5-7】 某企业最近 3 年 A 产品的成本资料如表 5-8 所示。

表 5-8　A 产品的产量及成本资料　　　　　　　　　　　　　　　　单位：元

年份	固定成本总额	单位变动成本
2×19	200 000	240
2×20	220 000	220
2×21	240 000	200

假设各年的权重分别为 0.2、0.3、0.5，要求预测 2×22 年度企业生产 2 200 件 A 产品的成本总额及其单位成本。

2×22 年的总成本函数为：

$y = (200\,000 \times 0.2 + 220\,000 \times 0.3 + 240\,000 \times 0.5) + (240 \times 0.2 + 220 \times 0.3 + 200 \times 0.5)x = 226\,000 + 214x$

2×22 年产品总成本预测值 = 226 000 + 214 × 2 200 = 696 800(元)

2×22 年产品单位成本预测值 = 696 800 ÷ 2 200 ≈ 316.73(元)

(三) 回归分析法

销售预测中介绍过回归分析法，其原理相同，即应用数学中的最小二乘法原理预测成本。其计算公式如下：

$$y = a + bx$$

式中，

$$b = \frac{n\sum xy - \sum x \sum y}{n\sum x^2 - (\sum x)^2}$$

$$a = \frac{\sum y - b\sum x}{n}$$

当企业历史成本资料中的单位产品成本忽高忽低、变动幅度较大时，采用回归分析法较为合适。

【例 5-8】 某机床厂只产销甲机床，其最近 5 年的产量及历史成本数据如表 5-9 所示。现假定该厂 2×22 年甲机床产量为 120 台。请预测该厂 2×22 年甲机床的总成本和单位成本。

表 5-9　甲机床产量及成本资料　　　　　　　　　　　　　　　　金额单位：元

年份	产量(台)	总成本
2×17	20	16 000
2×18	80	29 200

(续表)

年份	产量(台)	总成本
2×19	60	32 400
2×20	40	26 800
2×21	100	46 000

根据上述资料编制回归分析计算表，如表 5-10 所示。

表 5-10　回归分析计算表　　　　　　　　　金额单位：元

年份	产量(x)	总成本(y)	xy	x^2
2×17	20	16 000	320 000	400
2×18	80	29 200	2 336 000	6 400
2×19	60	32 400	1 944 000	3 600
2×20	40	26 800	1 072 000	1 600
2×21	100	46 000	4 600 000	10 000
$n=5$	$\sum x=300$	$\sum y=150\,400$	$\sum xy=10\,272\,000$	$\sum x^2=22\,000$

计算 a、b 的值，并预测成本如下：

$$b=\frac{n\sum xy-\sum x\sum y}{n\sum x^2-(\sum x)^2}=\frac{5\times 10\,272\,000-300\times 150\,400}{5\times 22\,000-300\times 300}=312$$

$$a=\frac{\sum y-b\sum x}{n}=\frac{150\,400-312\times 300}{5}=11\,360$$

2×22 年甲机床的总成本预测值 $=11\,360+312\times 120=48\,800$(元)

2×22 年甲机床的单位成本预测值 $=48\,800\div 120=406.67$(元)

课程思政

　　企业进行成本预测是为了在工作中设置目标，减少盲目性。同学们在大学期间更应该树立好目标，对自己的未来进行规划，选择继续深造还是就业，应当提早做好充分准备，有的放矢。

任务拓展

一、判断题

成本预测的方法有高低点法、加权平均法和回归分析法。（　　）

二、思考题

为什么说成本预测是成本管理的重要环节？成本预测与销售预测之间的关系是什么？

三、计算题

某企业生产一种产品，2×21年1~6月份的固定成本与单位变动成本资料如表5-11所示。

表5-11　某企业产品成本资料

月份	固定成本(a)	单位变动成本(b)	权重(w)
1	12 000	14	0.02
2	12 500	13	0.03
3	13 000	12	0.1
4	14 000	12	0.15
5	14 500	10	0.2
6	15 000	9	0.5

要求：当2×21年7月份的产量为500件时，试采用加权平均法预测7月份产品的下列指标。

(1) 固定成本a。

(2) 单位变动成本b。

(3) 总成本。

(4) 产品的单位成本（小数点后保留两位小数）。

任务四 利润预测

 任务初探

> 正兴公司只生产一种产品,单价为 200 元,单位变动成本为 160 元,固定成本为 400 000 元,2022 年销售量为 10 000 件。已知同行业先进的资金利润率为 20%,预计 2023 年企业资金占用额为 600 000 元。
>
> 要求:
> (1) 以同行业先进的资金利润率为基础测算企业 2023 年的目标利润基数。
> (2) 企业为实现目标利润应该采取哪些单项措施?

 任务启示

利润是衡量企业生产经营成果的重要指标。企业在生产经营过程中各项工作的好坏,可以直接或间接地通过利润指标反映出来。利润预测是在销售预测、成本预测的基础上,通过对影响利润变动的产量、价格、成本等预测数据进行综合分析,测算企业在未来一定时期内可能达到的利润水平和利润变动趋势。为保证目标利润的实现,产量、成本、单价等各项指标也应当达到相应的水平。通过本任务的学习,学生应了解利润预测的步骤,理解利润预测的方法,掌握经营杠杆系数在利润预测中的应用。

 任务重难点

利润预测的本量利分析法
利润预测的相关比率法
利润预测的经营杠杆分析法

 任务研习

利润预测是对企业未来某一时期可实现的利润进行预计和测算。在分析影响企业利润变动各种因素的情况下,预测企业未来所能达到的利润水平,或为保证目标利润水平,预测为实现目标利润所应达到的销售量或销售额。

一、利润预测的步骤

(一) 通过调查研究,确定利润率标准

在调查研究的基础上,了解和掌握企业历史上利润率最高水平以及当前同业或社会平均的利润率水平,从中选择某项先进合理的利润率作为预测基础。可供选择的利润率

主要有销售利润率、资金利润率和产值利润率。利润率标准不宜定得过高或偏低,否则会挫伤企业各方面的积极性和主动性。

(二) 计算目标利润基数

将选定的利润率标准与企业预期应达到的有关业务量及资金指标相乘,便可测算出目标利润基数。其计算公式如下:

$$目标利润基数 = 有关利润率标准 \times 相关指标$$

公式中的相关指标取决于利润率指标的内容,可以分别是预计销售额、预计工业总产值或预计资金平均占用额。

(三) 确定目标利润修正值

目标利润修正值是对目标利润基数的调整额。一般可先将目标利润基数与测算利润(即按传统方式预测出来的利润额)进行比较分析,并按本量利分析的原理分项测算为实现目标利润基数而应采取的各项措施,即分别计算各因素的期望值,并分析其可能性。若期望与可能相差较大,则适当修改目标利润,确定目标利润修正值。这个过程可反复测算多次,直至各项因素期望值均具有现实可能性为止。

(四) 最终下达目标利润,纳入预算体系

最终下达的目标利润应该为目标利润基数与修正值的代数和。它应反映或能适应预算期企业可以实现的生产经营能力、技术质量保证、物资供应、人力配备、资金流转水平以及市场环境等约束条件。按调整措施修订后的诸因素测算的期望利润应与目标利润口径一致。其计算公式如下:

$$最终下达的目标利润 = 目标利润基数 + 目标利润修正值$$

目标利润一经确定就应立即纳入预算执行体系,层层分解落实,以此作为采取相应措施的依据。

二、利润预测的方法

(一) 本量利分析法

本量利分析法可根据本量利分析的基本公式进行利润预测。其计算公式如下:

$$目标利润 = 预测销售量 \times 单价 - 预测销售量 \times 单位变动成本 - 固定成本总额$$

【例 5-9】 甲公司某产品 2×21 年销售量的预测值是 6 000 件,该产品的单价为 600 元,单位变动成本为 400 元,全年固定成本总额为 400 000 元。试用本量利分析法预测其 2×22 年度的目标利润。

2×22 年度预测目标利润 = 6 000×600 - 6 000×400 - 400 000 = 800 000(元)

(二) 相关比率法

相关比率法是根据利润与有关指标之间的内在关系,对计划期间的利润进行预测的一种方法。常用的相关比率主要有销售利润率、资金利润率和产值利润率等。

1. 销售利润率

根据销售利润率预测利润,即先预测企业计划期的销售收入,然后将销售收入乘以事先确定的销售利润率。其相关计算公式如下:

$$销售利润率 = \frac{营业利润}{销售收入} \times 100\%$$

$$目标利润 = 预计销售收入 \times 销售利润率$$

【例 5-10】 A 公司 2×21 年销售某产品 900 件,每件售价 130 元,单位变动成本为 80 元,固定成本总额为 10 000 元。根据预测结果,2×22 年预计可销售该产品 1 000 件。试根据 2×21 年的销售利润率预测 2×22 年的利润。

2×21 年利润 = 900 × (130 − 80) − 10 000 = 35 000(元)

$$2×21 年的销售利润率 = \frac{35\ 000}{900 \times 130} \times 100\% = 29.91\%$$

2×22 年预测目标利润 = 1 000 × 130 × 29.91% = 38 883(元)

2. 资金利润率

根据资金利润率预测利润,即先预测企业计划期的资金平均占用额,然后将资金平均占用额乘以事先确定的资金利润率。其相关计算公式如下:

$$资金利润率 = \frac{营业利润}{资金平均占用额} \times 100\%$$

$$目标利润 = 预计资金平均占用额 \times 资金利润率$$

【例 5-11】 A 公司 2×21 年销售某产品 900 件,每件售价 130 元,单位变动成本为 80 元,固定成本总额为 10 000 元。2×21 年资金平均占用额为 160 000 元,预计 2×22 年资金平均占用额将增加到 170 000 元。试根据 2×21 年的资金利润率预测 2×22 年的利润。

2×21 年利润 = 900 × (130 − 80) − 10 000 = 35 000(元)

$$2×21 年资金利润率 = \frac{35\ 000}{160\ 000} \times 100\% = 21.88\%$$

2×22 年预测目标利润 = 170 000 × 21.88% = 37196(元)

3. 产值利润率

根据产值利润率预测利润,即先预测企业计划期的资金平均占用额,然后将资金平均占用额乘以事先确定的资金利润率。其相关计算公式如下:

$$产值利润率 = \frac{营业利润}{工业总产值} \times 100\%$$

$$目标利润 = 预计工业总产值 \times 产值利润率$$

【例 5-12】 A 公司 2×21 年销售某产品 900 件,每件售价 130 元,单位变动成本为 80 元,固定成本总额为 10 000 元。2×21 年工业总产值为 400 000 元,预计 2×22 年工业总产值将增加到 450 000 元。试根据 2×21 年的产值利润率预测 2×22 年的利润。

2×21年利润＝900×(130－80)－10 000＝35 000(元)

2×21年资金利润率＝$\frac{35\,000}{400\,000}$×100％＝8.75％

2×22年预测目标利润＝450 000×8.75％＝39 375(元)

(三) 经营杠杆分析法

1. 经营杠杆的含义

根据成本性态分析原理可知，在一定的相关范围内，产销量的增加一般不会影响固定成本总额，但会降低单位产品的固定成本，从而提高单位产品的利润，使利润增长率大于产销量增长率。相反，产销量的减少则会提高单位产品的固定成本，从而降低单位产品的利润，使利润下降率大于产销量下降率。只有当企业不存在固定成本时，即所有成本都是变动的，边际贡献总额正好等于利润，此时的利润变动率就等于产销量变动率。但是，实际上，一般企业都存在固定成本，所以这种利润与产销量同步增减的现象是不可能发生的。在实务中，由于企业存在固定成本而出现的产销量较小幅度变动引起利润较大幅度变动(利润变动率大于产销量变动率)的现象就称为经营杠杆。经营杠杆能反映企业经营的风险，有利于管理部门进行科学的预测分析和决策分析。

2. 经营杠杆系数及其计算

经营杠杆系数(简称DOL)，是指在一定业务量基础上，利润变动率相当于产销变动率的倍数，其计算公式如下：

$$经营杠杆系数＝\frac{利润变动率}{产销变动率}$$

为了便于实际工作的计算和预测分析，在实践中可以按以下简化公式计算：

$$经营杠杆系数＝\frac{基期边际贡献}{基期利润}$$

【例 5-13】 甲公司只生产和销售一种产品，且产销平衡。2×21年该产品产销量为30 000件，销售单价为5元，单位变动成本为4元，固定成本总额为15 000元；2×22年产销量为33 000件，其他条件不变，计算该公司的经营杠杆系数。

根据已知条件，相关计算如表5-12所示。

表 5-12 相关指标计算　　　　　　　　　　　　　　　　单位：元

项目	2×21年	2×22年	变动额	变动率
销售额	150 000	165 000	＋15 000	＋10％
变动成本	120 000	132 000	＋12 000	＋10％
边际贡献	30 000	33 000	＋3 000	＋10％
固定成本	15 000	15 000	0	0
利润	15 000	18 000	＋3 000	＋20％

根据表5-12中的数据，可得：

$$经营杠杆系数 = \frac{3\,000 \div 15\,000}{15\,000 \div 150\,000} = 2$$

或

$$经营杠杆系数 = \frac{30\,000}{15\,000} = 2$$

3. 经营杠杆系数在利润预测中的应用

在已知经营杠杆系数、基期利润和产销变动率的情况下,可按下列公式计算利润预测额:

$$目标利润 = 基期利润 \times (1 + 产销变动率 \times 经营杠杆系数)$$

【例 5-14】 承[例 5-13],应用经营杠杆系数来预测该公司的目标利润。

目标利润 = 15 000 × (1 + 10% × 2) = 18 000(元)

> **课程思政**
>
> 经营杠杆是指在企业生产经营中由于存在固定成本而使利润变动率大于业务量变动率,起到了以小利博大利的作用。任何事物都不是孤立存在的,万事万物之间是相互影响、相互作用、相互制约的。为了更全面、更深入地认知事物,我们应当用联系的眼光看问题。

任务拓展

一、单项选择题

1. 已知甲公司 2×21 年利润为 40 万元,2×22 年的经营杠杆系数为 1.5,2×22 年目标利润变动率为 60%。为确保 2×22 年目标利润的实现,其销售量变动率应为( )。

   A. 40%   B. 35%
   C. 30%   D. 45%

2. 某企业计划期预计可销售产品 50 000 件,每件售价 20 元,销售利润率为 20%,则计划期产品销售利润额为( )元。

   A. 150 000   B. 100 000
   C. 200 000   D. 250 000

3. 经营杠杆系数等于 1,说明( )。

   A. 固定成本等于零   B. 固定成本大于零
   C. 固定成本小于零   D. 与固定成本无关

二、多项选择题

1. 目标利润的预测步骤包括( )。

   A. 调查研究,确定利润率标准   B. 计算目标利润基数
   C. 选择预测方法   D. 确定目标利润修正值
   E. 最终下达目标利润、分解落实纳入预算体系

2. 经营杠杆系数在利润预测中的应用有( )。

   A. 预测产销业务量变动后的利润额
   B. 预测产销业务量变动后的利润变动率
   C. 成本指标的变动与经营杠杆系数的变动方向相同
   D. 成本指标的变动与经营杠杆系数的变动方向相反

三、思考题

利润预测的目的是什么?利润预测与销售及成本预测的关系是什么?

四、计算题

甲企业只生产 A 产品,今年的实际销售量为 2 000 件,单价为 300 元,单位变动成本为 140 元,获利 200 000 元。

要求:(1) 计算经营杠杆系数。

(2) 若明年计划增加销售 6%,预测可实现的利润。

任务五 资金预测

任务初探

大华公司是一家中型家具生产企业,公司财务管理部门正在编制2021年的资金管理方案。该公司经营状况比较稳定,现金、应收账款、存货等资产项目和应付账款等负债项目与销售收入成固定比率,销售收入增长也较为稳定,可以相对准确地进行资金预测。公司2021年12月31日的资产负债简表如表5-13所示。

表5-13 大华公司2021年12月31日资产负债表简表　　单位:万元

资产	期末余额	负债及所有者权益	期末余额
货币资金	100	应付账款	150
应收账款	150	短期借款	450
存货	250	实收资本	300
固定资产净值	500	留存收益	100
资产总计	1 000	负债及所有者权益总计	1 000

该公司2021年的销售收入为1 000万元,现在还有剩余生产能力,增加收入不需要增加固定资产投资。假定销售净利率为10%,净利润的60%分配给投资者,2021年的销售收入将提高30%。预计2021年该公司的利润分配不变。请帮大华公司预测2021年的资金需求量与外部筹资需求。

任务启示

资金预测的主要内容是资金需要量预测,是在销售预测的基础上进行的。大华公司可以根据相关数据资料运用销售百分比法进行2021年的资金需求量预测。通过本任务的学习,学生应了解资金预测的意义,掌握根据预计的销售总额、销售增加量确定融资需求的方法。

任务重难点

资金预测的销售百分比法

任务研习

资金预测是指预测企业未来的融资需求。资金预测是预测分析的一项重要内容,是以预测期内企业生产经营规模的发展和资金利用效果的提高为依据,在分析有关历史资料、技术经济条件和发展规划的基础上,对预测期内的资金需要量进行科学预测的一种方法。

一、资金预测的意义及依据

资金预测是会计预测的一项重要内容。保证资金供应,合理组织资金运用,提高资金利用效果,既是企业正常经营的前提,又是企业的奋斗目标之一。

资金预测的主要内容是资金需要量预测,是在销售预测的基础上进行的。它是根据企业资金占用的历史资料和其他相关因素的变动来推测分析企业在未来一定时期内对资金的需要量。

为了预测资金需要量,企业应弄清楚影响资金需要量的主要因素。虽然企业的生产经营活动比较复杂,影响资金变动的因素不止一个,但从较短期间来看,影响资金需要量程度最大的就是预测期的预计销售收入。一般情况下,企业在不同期间资金实际需要量的多少,同该期间经营业务量的大小基本上是相适应的。业务量较多时,销售收入水平也较高,资金需要量相应也较多;反之,则较低。所以,企业可以根据销售收入和资金需要量之间的相互关系预测出一定销售收入水平下的资金需要量。

二、资金需要量预测的方法

资金需要量预测的方法主要包括定性预测法和定量预测法,这里着重介绍定量预测法中的销售百分比法。

销售百分比法,是假设某些资产和负债与销售额存在稳定的百分比关系,根据这个假设预计外部资金需要量的方法。企业的销售规模扩大时,要相应增加流动资产;如果销售规模增加很多,还必须增加长期资产。为取得扩大销售所需增加的资产,企业需要筹措资金。这些资金,一部分来自随销售收入同比例增加的流动负债,一部分来自预测期的收益留存,还有一部分通过外部筹资取得。

销售百分比法一般按以下三个步骤进行。

(一)确定随销售额变动而变动的资产和负债项目

一般来说,短期经营资产和经营负债与销售收入之间存在稳定的比例关系,这类资产或负债称为敏感资产或敏感负债。敏感资产通常是指短期流动资产,如货币资金、应收账款、存货等。固定资产是否是敏感资产取决于基期固定资产是否已被充分利用。如果基期固定资产尚未被充分利用,即增加销售收入,固定资产也不会增加,那么此时的固定资产属于非敏感资产;如果基期固定资产利用程度已经饱和,即再增加销售收入需要追加新的固定资产投资,则此时的固定资产属于敏感资产。其他长期非流动资产一般不会随着销售收入的增加而增加,属于非敏感资产。

负债与所有者权益类项目中,应付账款、应付票据、应交税费和其他应付款等流动负债项目,通常会随着销售收入的增加而增加,属于敏感负债;而短期借款通常属于企业的金融负债,需要专门融资,一般不会随销售收入的增加而增加;长期负债和所有者权益一般属于非敏感项目。

（二）计算基期的资产负债表中各个敏感项目的销售百分比

计算基期的资产负债表中各个敏感项目的销售百分比相关计算公式如下：

$$敏感项目的销售百分比 = 基期敏感资产（负债）\div 基期销售收入$$

（三）计算计划期需要追加的资金数额

计算追加资金需要量的公式一般有两种情况。

第一种是根据销售总额确定融资需求，即先根据销售总额预计资产、负债和所有者权益总额，然后确定融资需求。其计算公式如下：

$$外部融资需求 = 预计总资产 - 预计总负债 - 预计所有者权益$$

第二种情况是根据销售增加量确定融资需求，即先根据销售的增加额预计资产、负债和留存收益的增加额，然后确定融资需求。其计算公式如下：

$$外部融资需求 = 新增销售额 \times （敏感资产的销售百分比 - 敏感负债的销售百分比）\\ - 预计销售收入 \times 预计销售净利率 \times （1 - 股利支付率）$$

【例 5-15】 甲公司 2×21 年 12 月 31 日的简要资产负债表及相关信息如表 5-14 所示。假定该公司 2×21 年销售额为 10 000 万元，销售净利率为 10%，利润留存率为 40%。2×22 年销售额预计增长 20%，甲公司有足够的生产能力，无须追加固定资产投资。试预计该公司 2×22 年的外部融资需求量。

表 5-14　甲公司资产负债表及相关信息　　　　　　　　　　　　金额单位：万元

资产	金额	销售百分比	负债与权益	金额	销售百分比
现金	500	5%	短期借款	2 500	N
应收账款	1 500	15%	应付账款	1 000	10%
存货	3 000	30%	预提费用	500	5%
固定资产	3 000	N	公司债券	1 000	N
			实收资本	2 000	N
			留存收益	1 000	N
合计	8 000	50%	合计	8 000	15%

（1）确定有关项目及其与销售额的关系百分比。在表 5-14 中，N 表示不变动，是指该项目不随销售的变化而变化。

（2）确定需要增加的资金量。从表 5-14 可以看出，销售收入每增加 100 元，必须增加 50 元的资金占用，但同时自动增加 15 元的资金来源，两者差额的 35% 产生资金需求。因此，每增加 100 元的销售收入，甲公司必须取得 35 元的资金来源，销售额从 10 000 万元增加到 12 000 万元，增加了 2 000 万元，按照 35% 的比率可预测将增加 700 万元的资金需求，即：

$$10\ 000 \times 20\% \times （50\% - 15\%）= 700（万元）$$

（3）确定外部融资需求的数量。2×22年的净利润为1 200万元(12 000×10%)，利润留存率为40%，则将有480万元利润被留存下来，还有220万元的资金须从外部筹集。

根据上述资料，可求得其对外融资的需求量为：

外部融资需求＝50%×2 000－15%×2 000－10%×40%×12 000
　　　　　＝220(万元)

销售百分比法的优点，是能为筹资管理提供短期预计的财务报表，以适应外部筹资的需要，且易于使用。但在有关因素发生变动的情况下，必须相应地调整原有的销售百分比。

课程思政

在销售百分比法的运用中，可以得知，在资产负债表等项目中要根据不同项目的特点区分敏感项目和非敏感项目。在生活中，我们面对的不同事物都具有各自的特点，我们应根据不同事物的特点进行相应的分析。

任务拓展

一、判断题

资金需要量预测常采用销售百分比法。　　　　　　　　　　　　　　　　（　）

二、思考题

企业为什么要进行资金需要量预测？

三、计算题

A 公司 2×22 年度的生产能力只利用了 70%，实际销售收入为 850 000 元，获得利润 42 500 元，并以 17 000 元发放了股利。该公司 2×22 年年末的简略资产负债表如表 5-15 所示。

表 5-15　A 公司资产负债表（部分）

2×22 年 12 月 31 日　　　　　　　　　　　　　　　　　　　　单位：元

资产		负债及所有者权益	
1. 库存现金	20 000	1. 应付账款	100 000
2. 应收账款	150 000	2. 应付票据	80 000
3. 存货	200 000	3. 长期负债	200 000
4. 固定资产（净额）	300 000	4. 普通股股本	350 000
5. 长期投资	40 000	5. 留存收益	40 000
6. 无形资产	60 000		
资产总计	770 000	负债及所有者权益总计	770 000

该公司预计 2×23 年销售收入将增至 1 000 000 元，并仍按 2×22 年度股利发放率支付股利，提取折旧 60 000 元，其中 80% 用于更新改造原有设备。2×23 年该公司零星资金需要量为 20 000 元。

要求：按销售百分比法预测该公司 2×23 年需要追加的资金量。

项目小结

预测是现代管理会计的重要职能之一。企业不仅要了解市场的过去和现状，更重要的是必须面向未来，对未来的发展趋势作出科学的预计和推测。经营预测，是指企业根据现有的经济条件和掌握的历史资料以及客观事物的内在联系，对生产经营活动的未来发展趋势和状况进行的预计和测算，包括销售预测、成本预测、利润预测和资金预测四部分内容。

销售预测是指企业根据产品过去的经营状况及其他有关资料，对未来一定时期内销售数量（或金额）、销售状态及发展趋势的预计和推测。可以运用定性与定量两类方法进行销售预测。

成本预测是指根据历史成本资料及企业现有的经济、技术条件和今后的发展前景，运用专门方法，对未来一定时间内的成本水平及其发展变动趋势所进行的科学预计和推测。最常用的方法有高低点法、加权平均法和回归分析法三种。

利润预测是指在销售预测的基础上，根据企业未来发展目标和其他相关资料，对未来一定时间内可能达到的利润水平和变动趋势所进行的科学预计和推测。可运用本量利分析法、相关比率法和经营杠杆分析法进行利润预测。

资金预测是指根据企业未来经营发展目标及影响资金的各项因素，运用一定方法预计、推测企业未来一定时期内或一定项目所需要的资金数额、来源渠道、运用方向及其效果的过程。主要运用销售百分比法进行资金预测。

项目训练

一、请结合相关资料,作出判断

广东猪猪卡迪服饰股份有限公司主营儿童服饰产品,其前身为成立于20×4年的东莞市猪猪卡迪服饰有限公司,公司主要采用直营和联营相结合的经营模式,"猪猪卡迪"品牌19×5年始创于中国香港,19×6年开始运作,目前已发展为一家集研发、生产、销售、服务于一体的现代化综合型零售品牌企业。"猪猪卡迪"的产品用户定位于0~15岁的儿童。截至目前,"猪猪卡迪"系列品牌全国专卖连锁店近1 500家,销售网络覆盖全国各地及亚、欧、美洲等地区。

"猪猪卡迪"一直以来注重产品质量,这几年不断推出新产品,并且拓宽销售渠道,门店与淘宝天猫店营业额稳步增长。2×20年年末,其设计了一批童装新品种——童装礼服,借鉴成人服装的镶、拼、滚、切等工艺,在色彩和式样上体现了活泼、雅致的特点。由于工艺比原来复杂,成本较高,价格比普通童装高出了80%以上,如一件女童小礼服价格在360元左右。为了摸清这批新产品的市场吸引力,在春节前夕,销售经理建议,在门店和天猫店进行童装礼服的促销活动。促销结果让销售经理非常欣喜,他认为只要服装质量和款式好,价格高些也不会影响销路。因此,可以组织批量生产,及时抢占市场。

为了确定计划生产量,以便安排以后月份的生产,"猪猪卡迪"根据其2×20年1~12月的销售统计数,运用算术平均法进行销售量预测,考虑到这次促销活动的热销场面,决定将生产能力的70%安排新品种童装礼服,30%为老品种。

结果,2×21年3月以后,产品的销售量直线下降,产品严重滞销。销售经理很疑惑,这些新品种都是经过试销并且进行了销售量预测才进行生产的,为什么会事与愿违呢?

1. 你认为关于"猪猪卡迪"产品滞销的问题,以下说法正确的是(   )。

   A. 其产品销售从持续稳定增长到销路不畅,主要原因在于其向市场轻率地推出了与正常需求不相适应的"新产品"童装礼服,并过快地将这些"新产品"取代原本畅销的老产品,以至于处于目前的被动局面

   B. 产品的试销既要考虑到产品的功能、质量、款式等使用价值,也应包括产品价格的试销

   C. 童装礼服虽然在款式上令人喜爱,但由于借鉴成人服装工艺,成本增加,定价太高,超过消费者愿意承担的范围。考虑到儿童正处于长身体阶段,童装的实际使用时间有限,因此,多数顾客虽然喜欢新款式,但都不愿意购买价格偏高的童装礼服,这样就失去了最基本的,也是最主要的市场

   D. 童装礼服是比较特殊的产品,除了在特殊情况下的特殊需求以外,日常较少穿着,一个儿童最多只需要一套,再次购买的机会比较小

2. 市场实际发展状况与销售量预测的结论大相径庭的原因有(   )。

A. 销售经理虽然对童装新品种预先经过了市场调查与销售量预测,但还是出现了事与愿违的情况。究其原因在于其运用市场调查与预测的方法不恰当
B. 忽视了市场环境的一致性,对春节前是童装礼服的购销旺季的特殊销售状况和市场的正常销售状况不加区别,错误地认为新产品完全适应了市场需求,销售量将继续增长,而忽略了消费者的购买动机和购买行为会发生变化。进行产品销售预测时,简单地套用了算术平均法,选取的样本是春节前夕两个月的数据,没有代表性
C. 没有考虑到市场预测的基本条件已经发生变化
D. 算术平均法通常适用于对各期销售量比较稳定,没有季节性变动的产品进行预测。当预测对象是童装礼服这种受季节性影响的产品时,就不能采用这种方法来进行销售预测

二、请结合相关资料,回答以下问题

上海一休妹玩具有限公司(以下简称一休妹),是一家集吉祥物设计、玩具打样、生产、销售于一体的综合性玩具方案供应商。其工厂建筑面积30 000平方米,在职职工600余人,年产值1.2亿元人民币。

一休妹拥有全自动绣花机、印花机、冲床切割机、全自动缝纫机、充棉机、金属探测仪等多条全系列生产线。其已经为惠氏制药、奔驰、伊利、沃尔玛、可口可乐、麦当劳、腾讯等国内外知名企业提供过专业的定制服务。工厂顺利通过ICTI、ISO、沃尔玛、迪士尼、反恐等多项验厂标准并拥有独立商检和进出口经营权。一休妹与中国美术学院、武汉大学等知名高校合作成立玩具设计中心,重视产品原创软实力,现已开发出上万款原创玩具形象,可提供吉祥物设计、打样、生产一条龙服务。

一休妹2×20年1～6月份的实际销售收入情况如下:1月份的实际销售额为480万元,2月份的实际销售额为472万元,3月份的实际销售额为560万元,4月份的实际销售额为508万元,5月份的实际销售额为520万元,6月份的实际销售额为540万元,假定6月份的预测销售收入为558万元。

要求:分别采用以下方法预测一休妹2×20年7月份的销售额。(其中,1～6月份的权重系数分别为:0.01、0.04、0.08、0.12、0.25、0.5;平滑系数为0.6)

(1) 采用算术平均法进行预测。
(2) 采用加权平均法进行预测。
(3) 采用指数平滑法进行预测。
(4) 采用回归直线法进行预测。

三、请结合相关资料,解决以下问题

广州市盛世美颜化妆品有限公司(以下简称盛世美颜化妆品)成立于20×6年,是一家集科研、生产、营销于一体的知名日化企业,地处广州市著名风景区白云山之畔,地理位置十分优越,交通便利,近临广花一级公路、机场高速公路、华南快速干线、白云国际机场、广州北站等重要交通枢纽。

盛世美颜化妆品多年来一直致力于品牌的打造与发展,主要生产口腔护理用品和面贴膜护肤用品两大类产品,拥有4条全自动牙膏生产线和5条面贴膜生产线,生产能力达到日产牙膏10吨以上和日产面贴膜30万片。其采用先进的工艺技术和原材料,严格按照国家的相关规定和执行标准,从严把控品质关,保证了产品品质的稳定。

保湿面膜是盛世美颜化妆品的主营业务之一。现盛世美颜化妆品想要通过保湿面膜2×16—2×20年的相关产品成本情况预测其2×21年的相关成本。表5-16是盛世美颜化妆品保湿面膜2×16—2×20年有关成本及产量情况。

表5-16　盛世美颜化妆品保湿面膜2×16—2×20年有关成本及产量情况

金额单位:元

年份	2×16	2×17	2×18	2×19	2×20
产量(箱)	500	400	600	720	800
总成本	550 000	480 000	630 000	700 000	776 000
其中:固定成本	172 000	176 000	180 000	178 000	184 000
单位变动成本	1 512	1 520	1 500	1 450	1 480

要求:若保湿面膜2×21年的预计产量为960箱,分别采用以下方法预测其2×21年保湿面膜的总成本和单位成本。(权重系数分别为:0.03、0.12、0.16、0.24、0.45)

(1)采用高低点法进行预测。

(2)采用加权平均法进行预测。

(3)采用回归直线法进行预测。

项目六　短期经营决策

学习目标

- **知识目标**

  了解有关决策的基本理论

  掌握生产决策的基本概念和方法

  掌握定价决策的基本概念和方法

- **能力目标**

  掌握短期经营决策的方法

  在解决实务问题时能灵活运用短期经营决策的程序、内容和方法

- **素质目标**

  具有提取关键信息的能力

  形成良好的职业素养，工作严谨细致、精准高效

学习导图

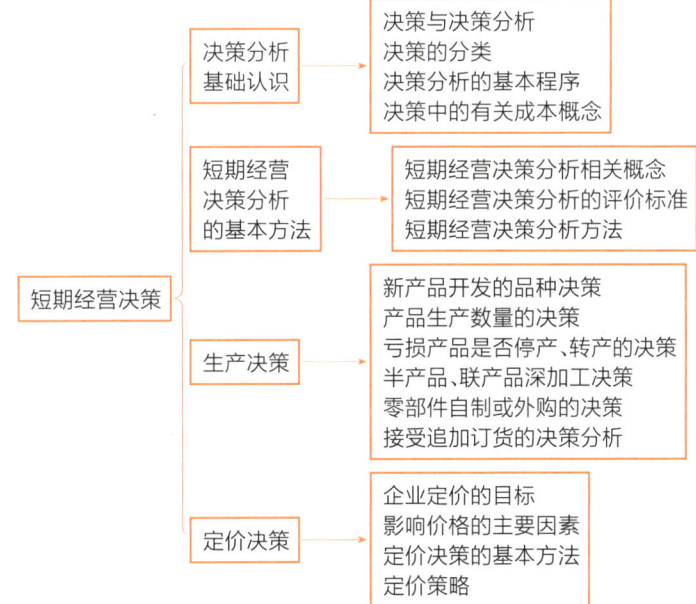

任务一　决策分析基础认识

任务初探

决策对我们而言并不是陌生的概念,我们身边随时随地都需要决策,有的人意识到了,有的人还没意识到。请问,每天早上几点钟起床属于决策吗?午餐吃什么属于决策吗?怎样理解决策?

任务启示

决策是从多个备选方案中选择最优方案,不管是决定每天早上几点起床还是决定午餐吃什么,都属于决策。通过本任务的学习,学生应明确什么是决策,同时也应了解决策时哪些成本是有关成本,哪些成本是无关成本,为以后任务的学习奠定基础。

任务重难点

决策的定义
决策的种类
决策中的有关成本概念

任务研习

决策贯穿管理的各个方面和管理的全过程,没有决策,管理的其他职能也就无法实现。从企业的各项经营管理活动来说,制订各种计划的过程是决策,在多种方案中选择一种也是决策。正确的决策是企业正确经营活动的前提和基础。决策是否正确,不仅关系到企业的经济效益,甚至还关系到企业的盛衰成败。决策的失误,往往会造成企业人、财、物的浪费和损失。如果在国民经济宏观层面上出现决策失误,其后果更是不堪设想。

当前,我国处于科学技术高速发展时期,加上市场竞争日趋激烈,影响决策的因素也就更多,企业的生存和发展取决于经营管理的合理性和有效性,制订出正确的决策方案,显得尤为重要和迫切。同时,决策作为现代管理科学的内容,企业的经营管理应通过定量管理进行,即通过科学的计算和分析,事先作出最优抉择,有助于企业决策者克服主观片面性,促进企业改善经营管理、提高经济效益。决策是企业管理现代化的核心,是企业经营活动最优化的关键。

一、决策与决策分析

决策是指为了达到预定的目标,对两个及两个以上备选方案进行比较、分析,选择一个最优方案的过程。

决策分析是指为实现企业预定目标,在科学预测的基础上,结合企业内外部环境和条件,对与企业未来经营战略、方针或措施有关的各种备选方案可能导致的结果进行系统的测算和对比分析,并从中选出最优方案的过程。决策分析是企业经营管理的核心,决策的正确与否关系到企业未来发展的成败。在市场经济条件下,企业必须根据市场的需求来决定生产方案以及如何定价等经营方向与方针。决策分析具有以下特征:

(1) 决策分析要有明确的目标。
(2) 决策分析要以客观必然的认识为依据,而不能单纯地臆断或猜想。
(3) 决策分析要有两个或两个以上的备选方案供选择。
(4) 决策分析总是面向未来的。
(5) 决策分析不是瞬间的决定,而是一个提出问题、分析问题、解决问题的系统分析过程。

二、决策的分类

决策可以按照以下不同的标准进行分类。

(一) 按照决策时间长短分类

1. 短期决策

短期决策也称短期经营决策,一般是指对一年之内的生产经营活动所要解决的问题作出决策。例如,企业零配件是自制还是外购,生产甲产品还是乙产品等。短期决策的主要目的是使企业的生产经营活动在现有资源条件下得到合理的利用,决策实施所需资金由内部筹集。短期经营决策又可进一步分为生产决策和产品定价决策。

2. 长期决策

长期决策也称长期投资决策,它一般是指规划重大发展方向、有关企业全局的、需要若干年实施才能完成的决策活动。例如,企业为扩大现有生产能力而进行的大规模固定资产投资、改变企业经营方向的基建投资等活动,所需投资金额比较大,见效时间比较长,资金一般靠外部筹集。

(二) 按照决策本身的重要程度分类

1. 战略决策

战略决策是指关系到企业未来发展方向、大政方针的全局性重大决策。例如,企业打算经营转型,主营业务变更等。

2. 战术决策

战术决策是指为了达到预期的战略决策目标,对日常经营活动所采取的方法和手段的局部性决策。例如,为了实现经营转型,企业需引进什么样的生产线,人员需要做哪些调整等。

(三) 按照决策范围的大小分类

1. 微观决策

微观决策是指在一个企业单位范围内所作的决策。

2. 宏观决策

宏观决策是指在经济部门、经济区域或整个国民经济范围内所作的决策。

（四）按照决策条件的肯定程度分类

1. 确定型决策

确定型决策是指决策的有关条件是确定的，决策方案实施的结果也是确定的。这种决策只要比较不同方案的优劣，根据价值标准就可以作出。例如，某一方案的价格、销量、成本确定后，其盈亏情况也可以确定下来。这是管理会计重点研究的决策内容。

2. 不确定型决策

不确定型决策是指各种可行方案出现的结果是未知的，而且在自然状态下出现的概率也不清楚，或只能靠主观概率判断。

3. 风险型决策

风险型决策是指各种可行方案所需的条件大部分是已知的，但每一方案的执行都会出现两种以上不同结果，各种结果出现的概率是可预测的。由于无法控制某种状态，这种决策是在一定概率下作出的，要承担一定风险，因此称为风险型决策。与不确定型决策相比，风险型决策最终出现的各种结果有客观概率，而不确定型决策则没有这种概率作为决策条件。

三、决策分析的基本程序

（一）确定决策目标

制定决策应该明确决策的问题和目标，如是否接受某一特殊的客户订单、生产何种产品、亏损产品是否停产等。在一项决策作出之前，必须明确该问题。

（二）资料的收集、分类、分析、计算和评价

某一个决策项目，在开始时必须收集相应的情报和资料，这是决策的基础工作，只有掌握了丰富的情报和资料，并进行去伪存真、去粗取精、由表及里地分类整理及分析研究，才能作出正确的决策。

（三）制订可行方案

在进行决策时，要提出各种可供选择的方案，以便进行比较，从中选择最优方案。各种备选方案必须是可行的，即技术上必须是先进的、经济上是合理的。没有备选方案就谈不上选择。

（四）对备选方案作出评价，确定最优方案

这一过程需要对各备选方案进行详尽的定性和定量分析，从各个方面分析每个方案的可行性和优劣，进行筛选，从而确定最优方案。最优方案是指在各个备选方案中优点最多、缺点最少的方案。

（五）决策方案的执行和反馈

由于在实际工作中存在大量不确定的因素，在预测时难以预料，在决策执行过程中，

往往出现客观情况发生变化,或主观判断失误,从而影响决策预期效果的情况。为此,在执行决策过程中要及时进行信息反馈,不断对原定方案进行修正或提出新的决策目标。

四、决策中的有关成本概念

短期的生产经营决策都要考虑各备选方案的获利性,以及各备选方案之间的获利差异,因此,也就不可避免地会考虑成本。决策分析时所涉及的成本概念并非只是一般意义的成本概念,而是一些特殊的成本概念。

按其与决策分析的关系,成本可划分为相关成本与无关成本。相关成本与无关成本的准确划分对决策分析至关重要。决策分析通过将决策备选方案的相关收入与其相关成本进行对比,来确定其获利性。若将无关成本误作相关成本考虑,或者将相关成本忽略都会影响决策的准确性,甚至会得出与正确结论完全相反的抉择。

(一) 相关成本

相关成本是指与决策相关联、决策分析时必须认真加以考虑的未来成本。相关成本通常随决策产生而产生,随决策改变而改变,并且这类成本都是目前尚未发生或支付的成本,但从根本上影响着决策方案的取舍。属于相关成本的主要有以下八种。

1. 机会成本

机会成本是指在使用资源的决策分析过程中,为选取某个方案而放弃其他方案所丧失的潜在收益。

机会成本不是我们通常意义上的成本,它实际上不是一种支出和费用,而是失去的收益,是辩证的概念。这种收益不是实际的而是潜在的。例如,有 A 和 B 两种方案可供选择,现在选择了 B 方案。如果选择 A 方案的话可以获利 1 万元,那么该 1 万元潜在收益就是选择方案 B 的机会成本。所以机会成本总是针对具体方案的,离开了被放弃的方案就无从确定。机会成本要求我们在决策中全面考虑可能采取的各种方案,以便为既定资源寻求最为有利的使用途径。

2. 边际成本

边际成本是西方经济学中的一个理论概念,它是指业务量变动一个单位时成本的变动部分。在实际的计量中,产量的无限小的变化也只能小到一个单位。所以边际成本的确切含义,就是产量增加或减少一个单位所引起的成本变动。

3. 差量成本

差量成本通常是指两个备选方案的预期成本之间的差异数,亦称差别成本或差额成本。不同方案的经济效益,一般可通过差量成本的计算明显地反映出来。例如,某公司的甲零件若自制,预期自制单位成本为 48 元;若外购,预期单位购价为 52 元,后者与前者比较,有差量成本 4 元,说明自制方案较外购方案优越。

4. 付现成本

付现成本是指需要在将来或最近期间支付现金的成本,是一种未来成本。付现成本是在某项决策需要付现但又要全面衡量该项决策在经济上是否真正有利时,应予认真考虑的,尤其是在企业资金紧张的时候更应慎重对待。在实际工作中,企业往往宁愿采纳总成本高而付现成本较低的方案,而不采纳总成本较低而付现成本较高的方案。在这种情况下,付现成本比总成本意义更大。只有符合企业目前实际支付能力的方案,才能算得上最优的方案。

例如,某企业需要更新设备一台,但企业资金紧张,银行存款余额为 6 000 元。有 A 和 B 两家工厂可提供设备,A 厂售价 50 000 元,一次付清货款;B 厂售价 60 000 元,只要求预付 4 000 元,余款 10 个月内付清,很显然在这种情况下,该企业以选择 B 厂设备为最优,因为可以使企业迅速恢复生产,多支付的总成本可以从提早恢复生产所获取的利润中得到补偿。

5. 重置成本

重置成本是指目前从市场上购置一项原有资产所需支付的成本,也可以称为现时成本或现行成本,它带有现时估计的性质。与重置成本直接对应的概念是账面成本,即一项资产在账簿中所记录的成本。有些备选方案需要动用企业现有的资产,在分析评价时不能根据账面成本来估价,而应该以重置成本为依据。

例如,某企业有库存商品账面单位成本为 200 元,重置成本为 250 元。若按历史成本考虑,售价定为 230 元,认为可获利 30 元;但是这些商品售出后再依据重置成本补进时反而每件亏损 20 元。不难看出,重置成本在定价决策中是不可忽视的重要因素。

6. 专属成本

专属成本是指可以明确归属于某种、某批或某个部门的固定成本。例如,专门生产某种零件或者某批产品而专用的厂房、机器的折旧费、某种物资的商品保险费等。

7. 可选择成本

如酌量性固定成本就属于可选择成本。当方案或者决策改变时,这项成本可以避免或其数额发生变化。

8. 可递延成本

可递延成本是指同已经选定、但可以延期实施而不会影响大局的某方案相关联的成本。例如,企业原定在计划年度新建办公大楼,预计共需资金 3 亿元,现因资金紧张而决定推迟该计划的实施,那么这 3 亿元的基建成本即为可递延成本。

(二) 无关成本

无关成本是指已经发生或虽未发生但与决策不相关联,决策分析时也无须考虑的成本。这类成本不随决策的产生而产生,也不随决策的改变而改变,对决策方案不具有影响力。属于无关成本的主要有以下四种。

1. 沉没成本

沉没成本是指由过去的决策行为决定的并已经支付款项、不能为现在决策所改变的成本。由于此类成本已经支付完毕,不能由现在或将来的决策所改变,在分析未来经济活动并作出决策时无须考虑。

2. 联合成本

联合成本是指那些需由几种、几批或有关部门共同分担的固定成本。联合成本具有共享性、基础性和无差别性等特征。例如,企业的管理人员工资、车间的照明费以及需由各种产品共同负担的联合成本,共享企业的共同基础设施等。

3. 约束性成本

约束性成本是指通过管理决策行动而不能改变其数额的成本,如约束性固定成本就属此类。企业的生产经营能力和生产组织机构一旦确定,约束性固定成本就不可避免地要发生,其发生的数额也不是企业的短期经营决策所能改变的。此外,企业现有厂房、建筑物等固定资产的年折旧费也属不可避免成本。

4. 不可递延成本

不可递延成本是相对于可递延成本而言的,它是指即使财力有限也必须在企业计划期间发生,否则就会影响企业大局已选定方案的成本。例如,某企业的旧厂房因暴雨冲击而发生较大裂痕,必须在计划期内大修,否则会造成严重后果,那么这项大修费用则属于不可递延成本。

课程思政

沉没成本是指再也回不来的成本,由于此类成本已经支付完毕,不能由现在或将来的决策所改变,在分析未来经济活动并作出决策时无须考虑。我们在生活、学习中也要学会放手、适时止损。过去的已经过去,不要再为打翻的牛奶哭泣!生活不可能回到过去的岁月,光阴似箭,来不及后悔。从过去的错误中吸取教训,在以后的生活中不要重蹈覆辙,这才是成长。

任务拓展

一、单项选择题

1. 机会成本实质上是指所选方案（　　）。
   A. 应获得的收益　　　　　　　　B. 失去的潜在收益
   C. 发生的实际成本　　　　　　　D. 发生的资金成本

2. 公司每多销售一件产品所增加的成本是（　　）。
   A. 固定成本 a　　　　　　　　　B. 单价 p
   C. 单位变动成本 b　　　　　　　D. 销售量 x

3. 公司每多销售一件产品所增加的收入,即边际收入是（　　）。
   A. 固定成本 a　　　　　　　　　B. 单价 p
   C. 单位变动成本 b　　　　　　　D. 销售量 x

4. 下列各项中,不构成企业实际成本支出的内容是（　　）。
   A. 专属成本　　　　　　　　　　B. 可分成本
   C. 边际成本　　　　　　　　　　D. 机会成本

5. 某公司有 5 000 件积压的在产品,总制造成本为 50 000 元。如果花 20 000 元再加工后出售,可得销售收入 35 000 元。该产品也可直接卖给某批发公司,可得销售收入 8 000 元。在分析这两个备选方案的过程中,沉没成本是（　　）元。
   A. 8 000　　　　　　　　　　　　B. 15 000
   C. 20 000　　　　　　　　　　　　D. 50 000

二、多项选择题

1. 下列成本中,属于相关成本的有（　　）。
   A. 专属成本　　　　　　　　　　B. 联合成本
   C. 可递延成本　　　　　　　　　D. 不可递延成本

2. 下列有关可选择成本的表述中,正确的有（　　）。
   A. 约束性固定成本属于可选择成本
   B. 酌量性固定成本属于可选择成本
   C. 可选择成本是指管理者决策可以避免或改变其数额的成本
   D. 可选择成本是指可以明确归属于某种、某批或者某个部门的成本

任务二　短期经营决策分析的基本方法

任务初探

在现有的生产经营能力的条件下，企业为争取实现尽可能理想的经营成果而必须做出选择，那么，从管理会计角度而言，经营决策分析的评价原则是什么？

任务启示

投资者创立公司的目的是营利，公司固然有改善职工待遇、改善劳动条件、扩大市场份额、提高产品质量、减少环境污染等多种目标，但营利是最基本、最重要的目标。因此，从管理会计角度而言，经营决策分析的评价原则是：取得最大经济效益。通过本任务的学习，学生应了解短期经营决策分析的相关概念及评价标准，掌握短期经营决策分析方法。

任务重难点

短期经营决策分析的相关概念
短期经营决策分析的评价标准
短期经营决策分析方法

任务研习

短期经营决策一般是指在一个经营年度或经营周期内能够实现其目标的经营决策。短期经营决策分析是指决策结果只影响或决定企业一年或一个经营周期的经营实践的方向、方法和策略，侧重于从资金、成本、利润等方面对如何充分利用企业现有资源和经营环境，以取得尽可能多的经济效益的分析方法。它的主要特点是充分利用现有资源进行战术决策，一般不涉及大量资金的投入，且见效快。从短期经营决策分析的定义中可以看出，在其他条件不变的情况下，判定某决策方案优劣的主要标准是看该方案能否使企业在1年内获得更多的利润。

一、短期经营决策分析的相关概念

短期经营决策分析的相关概念包括以下几个方面：

生产经营能力：在生产经营决策分析中，生产经营能力是决定相关业务量和确认机会成本的重要参数。其具体表现为最大经营能力、正常经营能力、剩余经营能力和追加经营能力等。

相关业务量：与特定决策方案相联系的产量、销量或工作量等。

相关收入：与特定方案相联系的、能对决策产生重大影响的、在短期经营决策中必须予以充分考虑的收入。

相关成本：与特定方案相联系的、能对决策产生重大影响的、在短期经营决策中必须予以充分考虑的成本。在生产经营决策分析中较常见的相关成本有差量成本、机会成本、专属成本、重置成本、可选择成本和可递延成本等，在定价决策分析中还需考虑边际成本。

二、短期经营决策分析的评价标准

短期经营决策通常不改变企业现有生产能力，涉及的时间比较短，因此，在分析时不考虑货币的时间价值和投资的风险价值。评价的标准主要有以下三种：

（1）收益最大（或利润最大）：在多个互斥可行的备选方案中，将收益最大的方案作为最优方案。其中，收益等于相关收入减去相关成本。

（2）成本最低：当多个互斥可行方案均不存在相关收入或相关收入相同时，以成本最低的方案为最优方案。

（3）边际贡献最大：在多个互斥可行方案均不改变现有生产能力、固定成本不变时，以边际贡献最大的方案为最优方案。

上述三个评价标准中，本质是收益（或利润）最大，成本最低和边际贡献最大是收益（或利润）最大的特殊情况，因为在不存在相关收入或相关收入相同的情况下，成本最低的方案，收益必然最大。在固定成本不变的情况下，可将其视为无关成本。在这种情况下边际贡献大的方案，收益（或利润）必然大。所以，成本最低和边际贡献最大是收益最大的替代价值标准。

三、短期经营决策分析方法

企业常用的短期经营决策分析方法有两大类：定性决策分析法和定量决策分析法。

定性决策分析法是建立在人们的经验基础上对经营决策方案进行评价和判断的决策分析法。企业高层管理人员所面临的大多是非程序化的决策问题，无法找到适合作出决策的明确程序，这就往往需要依靠高层管理人员本身的经验、专业判断能力等。其具体方法主要有头脑风暴法、德尔菲法等。

定量决策分析法是建立一定的数学模型，通过运算得出分析结果并加以判断的决策分析法。其具体方法主要有确定型决策方法（本量利分析法、差量分析法等）、风险型决策方法（决策树法、决策表法等）、不确定型决策方法（冒险法、保守法、折中法等）。

以下着重介绍定量分析法中确定型条件下的短期经营决策分析法。

（一）本量利分析法

本量利分析法是指通过本量利模型计算出方案的利润，比较方案利润大小从而选择最佳方案的分析方法。如企业新设备的购置与利用、医院开展新医疗业务项目等，均可借助本量利模型进行决策分析。本量利分析法对决策中相关成本资料要求较为详尽、苛刻，不仅要求变动成本资料，还需要固定成本资料。

【例 6-1】 某企业有剩余生产能力 5 000 机器工时，既可以用于生产新产品甲，也可以用于生产新产品乙，但由于条件限制，只能选择其中一种产品。其相关资料如表 6-1 所示。

表 6-1　甲、乙产品相关数据资料表　　　　　金额单位：元

项目	甲产品	乙产品
预计销售量（件）	2 500	1 250
预计销售单价	110	85
单位变动成本	90	55
固定成本	15 000	15 000

要求：采用本量利分析法分析该企业生产哪一种产品较为有利。

甲产品利润＝2 500×(110－90)－15 000＝35 000(元)

乙产品利润＝1 250×(85－55)－15 000＝22 500(元)

因为甲产品的利润大于乙产品的利润，故该企业生产甲产品较为有利。

(二) 差量分析法

当两个备选方案具有不同的预期收入和预期成本时，根据这两个备选方案间的差量收入、差量成本计算的差量损益进行最优方案选择的方法，就是差量分析法。这种方法可应用于业务量增减决策、生产决策、价格决策等各项经营决策。差量分析法对成本资料的要求没有本量利分析法苛刻，计算较为简单。

几个相关概念如下：

差量，是指两个备选方案同类指标之间的数量差异。

差量收入，是指两个备选方案预期相关收入之间的数量差异。

差量成本，是指两个备选方案预期相关成本之间的数量差异。

差量损益，是指差量收入与差量成本之间的数量差异。

【例 6-2】 承[例 6-1]资料。

要求：采用差量分析法分析该企业生产哪种产品较为有利。

甲、乙产品的差量收入＝2 500×110－1 250×85＝168 750(元)

甲、乙产品的差量成本＝2 500×90－1 250×55＝156 250(元)

因为差量收入大于差量成本，故该企业生产甲产品较为有利。

应注意的是，当两种方案固定成本不变，可以视为无关成本，不作比较分析。此外，差量分析法仅适用于两个方案之间的比较，如果有多个方案可供选择，在采用差量分析法时，只能两两进行比较、分析，逐步筛选最优方案。

(三) 边际贡献分析法

边际贡献分析法是在成本性态分类的基础上，通过比较各备选方案边际贡献的大小来确定最优方案的分析方法，该法适用于收入成本型(收益型)方案的择优决策，尤其适用于多个方案的择优决策。

边际贡献法通过比较边际贡献大小决定方案取舍。分析固定成本不变情况下的效益，可以将各备选方案的固定成本视为无关成本，不作比较分析，仅比较变动成本，使决策

分析更为简便易行。

边际贡献是指企业的产品或劳务对企业利润目标的实现所作的贡献。管理会计认为只要收入大于变动成本就会形成贡献。因为固定成本总额在相关范围内并不随业务量的增减变动而变动，所以收入扣减变动成本后的差额即边际贡献，边际贡献越大则减去不变的固定成本后的余额即利润就越大。

【例 6-3】 承[例 6-1]资料。

要求：采用边际贡献法分析该企业生产哪种产品较为有利。

解：甲产品的边际贡献＝2 500×(110－90)＝50 000(元)

乙产品的边际贡献＝1 250×(85－55)＝37 500(元)

因为甲产品边际贡献大于乙产品边际贡献，故该企业生产甲产品较为有利。

运用边际贡献法进行备选方案的择优决策时，应注意以下几点：

(1) 在不存在专属成本的情况下，通过比较不同备选方案的边际贡献总额，就能够正确地进行择优决策；存在专属成本的情况下，应先计算备选方案的剩余边际贡献(边际贡献总额减去专属固定成本后的余额)，然后比较不同备选方案的剩余边际贡献总额，才能够正确地进行择优决策。

(2) 由于边际贡献总额的大小，既取决于单位产品边际贡献的大小，也取决于该产品的产销量，单位边际贡献额大的产品，提供的边际贡献总额未必就大。

(3) 在企业的某项资源(如原材料、人工工时、机器工时等)受到限制的情况下，应通过计算、比较各备选方案的单位资源边际贡献进行择优决策。

【例 6-4】 某企业有剩余生产能力 5 000 机器工时，既可以用于生产新产品甲，也可以用于生产新产品乙，但由于条件限制，只能选择其中一种产品。其相关资料如表 6-2 所示。

表 6-2 甲、乙产品相关资料表   金额单位：元

项目	甲产品	乙产品
单位产品售价	110	85
单位产品变动成本	90	55
单位产品边际贡献	20	30
单位产品耗用工时(小时)	2	4

要求：采用单位资源边际贡献法分析该企业生产哪一种产品较为有利。

解：甲产品单位工时边际贡献＝20÷2＝10(元)

乙产品单位工时边际贡献＝30÷4＝7.5(元)

因为甲产品的单位工时边际贡献大于乙产品的单位工时边际贡献，故该企业生产甲产品较为有利。

(四) 成本无差别点分析法

在企业的生产经营中，面临许多只涉及成本而不涉及收入的方案的选择，如零部件自

制或者外购的决策、不同工艺进行加工的决策等。这时可以考虑采用成本无差别点法进行方案的择优选择。

成本无差别点是指在某一业务量水平上,两个不同方案的总成本相等,但当高于或低于该业务量水平时,不同方案就有了不同的业务量优势区域。利用不同方案的不同业务量优势区域进行最优化方案的选择的方法,称为成本无差别点法。

成本无差别点分析法是通过比较不同方案成本大小决定方案取舍的,该法使用的前提条件是各备选方案的收入相等。收入相等情况下,成本越低则利润越高,方案越优。

【例 6-5】 某厂生产 A 种产品,有两种工艺方案可供选择。
新方案:固定成本总额为 450 000 元,单位变动成本为 300 元。
旧方案:固定成本总额为 300 000 元,单位变动成本为 400 元。
请问选择新方案还是旧方案更为有利?
(1) 列出两个备选方案的总成本公式(x 代表产量):
新方案总成本 $=450\,000+300x$
旧方案总成本 $=300\,000+400x$
(2) 求成本无差别点:$x=1\,500$(件)
(3) 结论:
① 当产量 $=1\,500$ 件时,新、旧两个方案均可取。
② 当产量 $>1\,500$ 件时,假定为 1 600 件,则新、旧两个方案总成本如下:
(新)$450\,000+300\times1\,600=930\,000$(元)
(旧)$300\,000+400\times1\,600=940\,000$(元)
即新方案优于旧方案。
③ 当产量 $<1\,500$ 件时,假定为 800 件,则新、旧两个方案总成本如下:
(新)$450\,000+300\times800=690\,000$(元)
(旧)$300\,000+400\times800=620\,000$(元)
即旧方案优于新方案。

> **课程思政**
>
> 　　对企业而言,盈利是最基本、最重要的目标,但其更应当追求长远利益,积极寻找适合自身的、可持续发展的完整体系,将其经营战略与社会责任紧密联系,在增强企业核心竞争力的同时,树立良好的企业形象,从而实现自身与社会共同发展。对于我们个人而言也一样,我们在追求个人理想的同时,应将个人理想同国家命运紧密联系,树立和践行社会主义核心价值观,为实现中国梦增添强大青春力量。

任务拓展

一、单项选择题

1. 下列决策方法中,能够直接揭示选中的方案比放弃的方案多获得的利润或少发生损失的方法是(　　)。

    A. 本量利分析法

    B. 边际贡献总额分析法

    C. 单位资源边际贡献分析法

    D. 差量分析法

2. 将决策分析区分为短期决策与长期决策的分类标志是(　　)。

    A. 决策的重要程度

    B. 决策条件的肯定程度

    C. 决策规划时期的长短

    D. 决策解决的问题

二、计算题

某企业全部生产能力为 20 000 机器小时,其目前生产 B、C 两种产品,实际生产能力利用率为 80%。根据调查,企业利用剩余生产能力既可增产 B 产品,也可增产 C 产品。两种产品有关资料如表 6-3 所示。

表 6-3　B、C 产品相关资料表　　　　　金额单位:元

项目	B 产品	C 产品
单位产品定额工时(小时)	20	25
单位售价	90	100
单位变动成本	72	80
单位边际贡献	18	20

要求:分析该企业应该增产哪个产品?

任务三　生产决策

任务初探

> 万山日用化工厂计划生产一种新品牌香水,其中某种配料每年需要180 000千克。现该厂有剩余生产能力可以自制,其成本估计如下:直接材料为600 000元、直接人工为100 000元、变动制造费用为60 000元、固定制造费用为65 000元。同时,该厂总经理也考虑向普集化工厂购买这种配料180 000千克,每千克购买价为4.25元,另加运费0.40元/千克。若万山日用化工厂不自制这种配料,其剩余生产能力可制造另一种产品,每年可提供边际贡献20 000元。
>
> 问题:万山日用化工厂应自制该配料还是外购?

任务启示

由于所需零部件的数量对自制方案或外购方案都是一样的,所生产的产成品获取的收入也是一样的,通常只需要考虑自制方案和外购方案的成本高低。通过本任务的学习,学生应掌握生产决策的基本概念和基本方法,并能在解决实务问题时灵活运用。

任务重难点

> 新产品开发的品种决策
> 亏损产品的处理决策
> 零部件自制或外购决策

任务研习

企业作为一个独立经营的商品生产者,拥有较大的自主权和经营决策权,在生产经营过程中,经常需要对很多生产方面的问题进行决策。例如,企业应该安排生产什么产品?产量多少?当企业还有剩余生产能力的情况下,要不要接受附有特定条件的追加订货?企业生产中所需的零部件应自制还是外购?新产品开发决策、亏损产品是否应该停产或转产?这一系列问题都是属于生产过程中的生产经营决策问题,都要求企业通过科学的计算与分析,权衡利害得失,以便作出最佳的生产经营决策。

一、新产品开发的品种决策

在市场经济条件下,企业只有不断地开发新产品,促进产品更新换代,才能不断满足社会需要,维持和扩大市场效率,取得经营主动权。这里介绍的新产品开发的品种决策,是指可以利用企业现有剩余生产能力来开发某种在市场上有销路的新产品,而且已经掌握可供选择的多个新品种方案的有关资料,不涉及长期投资决策中开发新产品。新产品开发的品种决策分析按是否涉及专属成本分为以下两种情况。

(一)不追加专属成本时的决策分析

【例6-6】 A公司原本仅生产甲产品,年固定成本为15 000元,现利用剩余生产能力开发丙或丁产品。相关资料如表6-4所示。

表6-4 三种产品相关资料表　　　　　　　　　　金额单位:元

项目	甲产品	丙产品	丁产品
产量(件)	3 000	1 000	1 400
单价	50	90	70
单位变动成本	30	65	50

要求:分析A公司生产何种产品更有利。

固定成本15 000元在本次决策中属于无关成本,不予考虑;相关成本仅为丙产品和丁产品的变动成本。

丙产品边际贡献总额=1 000×(90-65)=25 000(元)

丁产品边际贡献总额=1 400×(70-50)=28 000(元)

因为丁产品边际贡献总额大于丙产品边际贡献总额,所以,开发丁产品对A公司更有利。

(二)涉及追加专属成本时的决策分析

如果新产品投产将发生不同的专属固定成本的话,在决策时就应以各种产品的剩余边际贡献总额作为判断方案优劣的标准。

【例6-7】 承[例6-6],假设开发丙产品需要追加12 000元的专属成本,而开发丁产品需要追加14 000元的专属成本。

要求:分析A公司开发何种产品更有利。

本例需要考虑专属成本的影响,即:

丙产品剩余边际贡献总额=1 000×(90-65)-12 000=13 000(元)

丁产品剩余边际贡献总额=1 400×(70-50)-14 000=14 000(元)

因为开发丁产品的剩余边际贡献总额高于开发丙产品的,所以开发丁产品更有利。

二、产品生产数量的决策

由于某种产品的产销数量同其价格、成本、利润之间存在着联动关系,当确定优先生产某种或某几种产品之后,还必须在确定最优生产对象的基础上,进一步解决有关产品的最优生产数量问题。企业只有在既选定了最有利的产品品种,又选定了合理的产品产量的前提下,才能获取最大利润。

当产品的边际收入同边际成本相等或接近相等时,其利润最大,产销数量最佳。为此,企业可根据不同产品的边际收入同边际成本之间的这种特定关系,借助边际分析原理来确定各产品的最优产销数量。

【例 6-8】 某企业生产甲产品,单位产品售价为 14.8 元,经测算,该产品总成本 y 与产量 x 之间的函数关系为 $y=0.008x^2+2x+3\,750$。

要求:试确定该企业甲产品产量达到什么水平时利润最大。

由上式求导,得:

边际成本 $=2+0.016x$

边际收入 $=14.8$

令边际收入 $=$ 边际成本,则有

$2+0.016x=14.8$

解得 $x=800$(件)

结果表明,甲产品的产销量为 800 件时,企业能获得最大利润。

三、亏损产品是否停产、转产的决策

对于亏损产品,不能简单地予以停产,而必须综合考虑企业各种产品的经营状况、生产能力的利用及有关因素的影响,采用变动成本法进行分析后,作出停产、继续生产、转产或出租等最优选择。

(一) 亏损产品是否停产的决策分析

【例 6-9】 美达公司产销 A、B、C 三种产品,其中 A、B 两种产品盈利,C 产品亏损。有关资料如表 6-5 所示。

要求:作出 C 产品是否停产的决策(假设停产后的生产能力无法转移)。

表 6-5 三种产品利润表　　　　　　　　　　　　　单位:元

项目	A产品	B产品	C产品	合计
销售收入	6 000	8 000	4 000	18 000
生产成本				
直接材料	800	1 400	900	3 100
直接人工	700	800	800	2 300
变动制造费用	600	600	700	1 900
固定制造费用	1 000	1 600	1 100	3 700
非生产成本				
变动销售及管理费用	900	1 200	600	2 700
固定销售及管理费用	600	1 000	200	1 800
总成本	4 600	6 600	4 300	15 500
净利润	1 400	1 400	−300	2 500

C产品边际贡献＝4 000－(900＋800＋700＋600)＝1 000(元)

由于C产品能够提供1 000元的边际贡献,可以弥补一部分固定成本,因此,在不存在更加有利可图的机会的情况下,C产品不应该停产。

结论:如果亏损产品能够提供边际贡献并且不存在更加有利可图的机会时,一般不应停产,无法提供边际贡献的实亏产品则应停产。

(二) 亏损产品是否转产的决策分析

亏损产品能够提供边际贡献,并不意味该亏损产品一定要继续生产。如果存在更加有利可图的机会(如转产其他产品或将亏损产品停止生产而腾出的固定资产出租),使企业获得更多的边际贡献,那么该亏损产品应停产,并转产。

【例6-10】 承[例6-9],假定C产品停产后,其生产设备可以出租给别的单位,每年可获租金1 800元。

要求:分析C产品是否要转产?

由于出租设备可获得的租金1 800元大于继续生产C产品所获得的边际贡献1 000元,所以,应当停产C产品,并将设备出租(或进行转产),这样该公司可以多获得利润800元。

四、半产品、联产品深加工决策

半产品、联产品深加工的决策问题,可采用差量分析法。应该注意的是:半产品或联产品进一步加工前所发生的成本,不论是变动成本还是固定成本,在决策分析中均属于无关成本,不必考虑。问题的关键在于半产品或联产品加工后所增加的收入是否超过在进一步加工过程中所追加的成本。若前者大于后者,则进一步加工的方案较优;若前者小于后者,则直接出售半产品或不加工联产品的方案较优。其决策依据如下:

若增量收入＞增量成本,应进一步加工后再出售。

若增量收入＜增量成本,应直接出售。

增量收入＝继续加工后的销售收入－直接出售的销售收入

增量成本＝继续加工追加的成本

【例6-11】 设某厂生产某种产品10 000件,初步加工单位产品直接材料费用4元,直接人工费用2元,变动性制造费用1.5元,固定性制造费用1元。完成初步加工后若直接对外销售,单位售价12元;如对该产品进行继续加工,单位产品需追加直接材料费用1.3元,直接人工费用0.8元,变动性制造费用0.6元,专属固定成本10 000元,单位售价可提高到15元。

要求:分析该厂是否应该对其产品进一步加工?

增量收入＝(15－12)×10 000＝30 000(元)

增量成本＝(1.3＋0.8＋0.6)×10 000＋10 000＝37 000(元)

由于增量收入小于增量成本,因此应直接对外销售。

五、零部件自制或外购的决策

由于所需零部件的数量对自制方案或外购方案都是一样的,通常只需考虑自制方案和外购方案的成本高低,在相同质量并保证及时供货的情况下,就低不就高。

(一)用于自制的生产能力无法转移

【例6-12】 昌陵汽车公司每年需要甲零件5 000件,如果外购,其外购单价为27元/件,外购一次的差旅费为5 000元,每次运费500元,每年采购2次。该公司有自制该零件的能力,并且生产能力无法转移;如果自制,单位零件直接材料15元,直接人工8元,变动制造费用5元,固定制造费用10元。

要求:请对甲零件自制还是外购作出决策。

比较外购的相关总成本与自制的相关总成本,从中选择成本低的方案。

外购相关总成本＝27×5 000＋5 000×2＋500×2＝146 000(元)

自制相关总成本＝(15＋8＋5)×5 000＝140 000(元)

外购相关总成本高于自制相关总成本,甲零件自制比较有利。

(二)用于自制的生产能力可以转移

【例6-13】 承[例6-12],昌陵汽车公司如果外购甲零件,其闲置的生产能力也可以用于生产B产品800件,每件可以提供10元的边际贡献。

要求:请对甲零件自制还是外购作出决策。

外购相关总成本:27×5 000＋5 000×2＋500×2＝146 000(元)

自制相关总成本:(15＋8＋5)×5 000＋800×10＝148 000(元)

外购相关总成本低于自制相关总成本,甲零件外购比较有利。

六、接受追加订货的决策分析

接受追加订货的决策,是指根据目前的生产状况,企业还有一定的剩余生产能力,现有客户要求追加订货,可是其所出价格低于一般的市场价格,甚至低于该种产品的实际成本。在这种情况下,要求管理人员对这批订货该不该接受作出正确的决策,此时应区分情况加以分析,并且由于是利用剩余生产能力进行的追加生产,原有的固定成本与追加订货决策无关,属于决策不相关成本,决策中可不予考虑。

(1)若追加的订货不冲击正常业务,不需追加专属固定成本,剩余生产能力无法转移,只要追加订货的单位产品边际贡献＞0,就可以接受。

(2)若剩余生产能力无法转移,追加的订货会冲击正常的业务,但是无须追加专属固定成本,只要追加订货的边际贡献＞减少正常业务的边际贡献,就可以接受。

(3)若剩余生产能力无法转移,追加的订货不会冲击正常业务,但是需增加专属固定成本,只要追加订货的边际贡献＞追加的专属固定成本,即追加订货的剩余边际贡献＞0,就可以接受。

(4)若剩余生产能力可以转移,追加的订货不会冲击正常业务,并且不需要追加专属固定成本,只要追加订货的边际贡献>生产能力转移带来的收益,就可以接受。

【例 6-14】 某企业年生产能力为生产甲产品 1 200 件,本年计划生产 1 000 件,正常价格为 100 元/件。产品的计划单位成本为 55 元,其中直接材料 24 元,直接人工 15 元,变动制造费用 6 元,固定制造费用 10 元。现有一客户向该企业提出追加订货 300 件,报价为 70 元/件,追加订货要求追加 1 200 元的专属固定成本。若不接受追加订货,闲置的机器设备可对外出租,可获租金收入 400 元。

要求:分析该企业是否应接受该追加订货?

(1) 甲产品单位变动生产成本=24+15+6=45(元)。

(2) 接受追加订货的边际贡献=(70-45)×300=7 500(元)。

减:冲击正常销售的边际贡献=(100-45)×100=5 500(元)。

减:专属固定成本 1 200 元。

减:放弃的租金收入即追加订货的机会成本 400 元。

(3) 差额=7 500-(5 500+1 200+400)=400>0。

所以该企业可以接受该追加订货。

课程思政

企业在开展经营决策时,主要依据的是边际贡献的大小,但是,除此之外,企业还需要考虑其决策所引发的社会价值和社会效应,以及对社会主义市场经济稳定发展的影响。就像国家投资 1 269 亿元修建的港珠澳大桥,虽然成本巨大,短期内边际贡献是负数,但它带来的社会效益是巨大的,它不仅仅是中国的名片,更为当地社会带来新的发展机遇,能够改善当地居民的生活状况,促进社会经济的良性发展,它是中国从桥梁大国走向桥梁强国的里程碑之作。

任务拓展

一、单项选择题

1. 对亏损产品是否停产,应根据(　　)来决策。

A. 亏损产品亏损数是否能由盈利产品来弥补,如能弥补,则继续生产

B. 亏损产品的亏损数如能由盈利产品来弥补,也停止生产

C. 亏损产品的边际贡献如为正数,不应停止生产

D. 亏损产品的边际贡献如为正数,应停止生产

2. 下列成本中,属于相关成本的是(　　)。

A. 可避免成本

B. 共同成本

C. 沉没成本

D. 不可延缓成本

3. 如果剩余生产能力无法转移,下列亏损产品应该停产的是(　　)。

A. 亏损产品单价大于单位变动成本

B. 亏损产品贡献边际小于零

C. 亏损产品贡献边际大于零

D. 亏损产品贡献边际大于零但小于固定成本

4. 已知某公司剩余生产能力为2 000工时,现有A、B两种产品,A产品售价为75元/件,单位变动成本为55元/件,单位产品定额工时为5工时;B产品售价为60元/件,单位变动成本为35元/件,单位产品定额工时为4工时,生产A、B产品应分别追加的专属成本为2 000元和4 000元,则该公司应选择生产的产品是(　　)。

A. A产品

B. B产品

C. A产品或B产品均可

D. 生产A产品和B产品的比例为4∶5

5. 当剩余生产能力无法转移时,出现(　　)情况时,企业不应接受追加订货。

A. 订货价格低于单位完全成本

B. 订货冲击原有生产能力

C. 追加订货的边际贡献高于减少的正常收益,但余额少于追加的专属成本

D. 以上都不对

E. 即使外购也要发生的固定性制造费用

二、多选题

1. 在是否接受低价追加订货的决策中,如果发生了追加订货冲击正常任务的现象,就意味着( )。
   A. 剩余生产能力不足以满足组织追加订货生产的需要
   B. 追加订货量大于正常订货量
   C. 追加订货量大于绝对剩余生产能力
   D. 因追加订货有特殊要求必须追加专属成本

2. 剩余生产能力无法转移时,只要满足下列条件就可以不停产( )。
   A. 该产品单价大于其变动成本
   B. 该亏损产品的收入补偿完变动成本后有剩余
   C. 该产品的单位边际贡献大于0
   D. 该产品的单位变动成本小于其单价

三、计算题

1. 某企业生产 A、B、C 三种产品,根据年度会计决算的结果,A 产品盈利 75 000 元,B 产品盈利 19 000 元,C 产品亏损 60 000 元。若 C 产品停产,则固定成本 400 000 元由 A、B 产品各承担一半,其他资料如表 6-6 所示。

表 6-6 三种产品利润表　　　　　　　　　　　　金额单位:元

项目	产品A	产品B	产品C	合计
销售量(件)	1 000	1200	1800	4 000
单位售价	900	700	500	
单位变动成本	700	580	450	
单位边际贡献	200	120	50	
边际贡献总额	200 000	144 000	90 000	434 000
固定成本	125 000	125 000	150 000	400 000
利润	75 000	19 000	−60 000	34 000

要求:分析 C 产品是否要停产。

2. 某企业对同一种原料进行加工,可同时生产出甲、乙、丙三种联产品,年产量分别为 100 千克、500 千克和 1 000 千克。其中,丙联产品既可以直接对外出售也可以继续深加工成丁产品,且企业已具备将 80% 的丙深加工成丁产品的能力。每深加工 1 千克丙产品需额外追加可分成本 100 元。丙产品与丁产品的投入产出比是 2∶1。如果企业每年额外支付租金 100 000 元租一台设备,可以使深加工能力达到 100%。甲、乙、丙、丁的销售单价分别是 400 元、300 元、350 元、500 元。请在以下三种方案中选择最优方案。

(1) 直接出售丙产品。

(2) 将80%的丙产品深加工为丁产品,将20%的丙产品直接对外出售。

(3) 将100%的丙产品深加工为丁产品再出售。

某企业原设计生产能力为50 000机器小时,但实际开工率只有原生产能力的60%,现准备将剩余生产能力用来开发新产品甲或乙。有关资料如表6-7所示。

要求:作出该公司开发何种新产品较为有利的决策分析。

表6-7　B、C产品相关资料表　　　　　　　　　　　　　　　金额单位:元

项目	新产品甲	新产品乙
定额工时(机器小时/件)	20	15
销售单价	50	40
单位变动成本	24	20
固定成本总额	20 000	20 000

任务四 定价决策

任务初探

美国战略管理学家柯林斯认为:"虽然企业不应将追求利润最大化作为其经营的第一目标,但是利润仍然是企业不断从优秀走向卓越的必备条件,就像人类的生存要有足够的氧气一样。"有人认为企业为获取更多的利润,在产品定价时,价格越高越好。请问,该理论是否正确?并阐明理由。

任务启示

通过本任务的学习,学生应了解产品定价的目标、影响因素,掌握定价决策的基本方法。在制定价格时,企业应兼顾长期利润和短期利润,兼顾单一产品利润和企业整体利润,根据不同情况为不同产品选择不同的定价策略,以便为管理者提供产品定价的有用信息。

任务重难点

以需求弹性为基础的定价决策
成本加成定价法

任务研习

在市场经济条件下,任何企业都要为自己生产经营的商品制定适当的价格。价格的重要性表现在以下五个方面:一是价格影响顾客的购买行为;二是价格影响竞争者的营销行为;三是价格影响企业及其产品的市场形象;四是价格制约着市场营销组合中其他因素的安排;五是价格制约着企业的生存与发展。然而,价格是市场营销组合中一个十分敏感而又难以控制的因素。那么,如何对商品定价、如何定价才能促进企业发展、如何定价才能实现企业的最终目标,这些都是定价决策要解决的问题。

一、企业定价的目标

企业的定价目标是指产品的价格在实现后应达到的目的,它一般包括以下几种。

(一) 利润最大化目标

利润是企业生产和发展的必要条件,也是考核和分析营销工作好坏的一项综合性指标。利润最大化有两方面的含义:一是长期利润最大化和短期利润最大化;二是企业整体利润最大化和单一产品利润最大化。在制定价格时,企业应该兼顾长期利润和短期利润,兼顾单一产品利润和企业整体利润,根据不同情况为不同产品选择不同的定价策略。

(二) 保持和提高市场占有率目标

市场占有率是指企业产品的销售量在同类产品销售总量中所占的比重,是反映企业经营状况好坏和产品竞争能力强弱的一项重要指标。能否保持和提高市场占有率,直接影响到企业能否获得长期、稳定的收益。这一定价目标适用于生产经营能力潜能大、总成本增长速度低于总销售量增长速度的企业。

(三) 投资利润率目标

投资利润率目标是指投资期望得到一定百分比的纯利或毛利。这一目标力图保持稳定的收益,是一种注重长期利润的定价目标。它适用于实力雄厚、竞争力强的大型企业。选择投资利润率目标应慎重选择投资利润率,既要能保证目标实现又能为消费者所接受。

(四) 保持稳定价格的目标

保持稳定的价格是企业获得一定投资效益和长期利益的重要途径。同行业的领导型企业往往希望以稳定的价格长期经营某种商品,并稳定地占领市场、获取利润。这种定价目标适用于同行业中的龙头企业。

(五) 应对和防止竞争的目标

在当今市场经济环境下,企业间的竞争日趋激烈。为了提高自身的核心竞争能力,企业往往会更加广泛地收集资料,与竞争者在产品的质量、价格、服务、性能等方面进行比较。在多样的竞争中,价格竞争尤为激烈。例如,我国某些家电企业在谋求扩大市场份额时往往采取与竞争者价格相同或低于竞争者价格的策略。当然,技术先进、品质优良、增值服务好的企业也可以制定高于竞争对手的价格。以竞争因素为定价目标的企业十分关注竞争者的价格,当竞争者改变价格时,同行业的企业在价格方面也会作出相应的调整。

总体而言,企业的定价目标多种多样,并受多种因素影响。在实践中,企业往往会综合运用多种目标形式制定出较具竞争优势的价格。

二、影响价格的主要因素

(一) 成本因素

从根本上来说,任何企业都必须以营利为目的。因此,产品或服务定价应当以补偿成本为前提。成本是影响定价的最基本因素。从长期来看,产品价格应等于总成本加上合理的利润,否则企业无利可图,将会停止生产;从短期来看,企业应根据成本结构确定产品价格,即产品价格必须高于平均变动成本,以便掌握盈亏情况,减少经营风险。

(二) 消费者需求因素

消费者需求对产品定价的影响,主要通过需求能力(购买力)、需求价格弹性等反映出来。在经济学中,弹性是指在经济变量之间存在函数关系时,因变量对自变量变化的反应程度,其大小可以用两个变化的百分比的比例来表示。需求价格弹性是指在其他条件不变的情况下,某种商品价格变动的比率所引起的需求量变动的比率,即需求量变动对价格变动的反应程度。对于价格弹性较大的产品,可以制定较低的价格,实行薄利多销的策略;对于价格弹性较小的产品,适当提高产品价格就可以增加企业总利润。

(三) 产品的生命周期因素

产品生命周期是指某种产品从投入市场开始直到退出市场为止的整个过程。产品的生命周期包括四个阶段,即投入期、成长期、成熟期和衰退期。在不同生命阶段,产品的质量成本、产销量、竞争情况与需求者的评价等都存在着差异,对价格的确定会产生不同的影响,因而不同阶段的定价策略应有所不同。投入期的价格,既要补偿高成本,又要能为市场所接受;成长期和成熟期正是产品大量销售、扩大市场占有率的好时机,要求稳定价格以利于开拓市场;进入衰退期后,一般应采取降价措施,以便充分挖掘老产品的经济效益。

(四) 政策法规因素

每个国家对市场物价的高低和变动都有限制和法律规定。例如,法律一般禁止企业在制定价格上歧视消费者,同样禁止的还有制定价格中的合谋串通行为。政府对产品征税,生产者就会将部分税收转嫁给消费者,从而提高产品价格。在进行国际贸易时,各国政府对价格制定的限制措施往往更多、更严。因此,企业应详细了解国家关于物价方面的政策和法规,并以此作为制定定价策略的指导和依据。

(五) 竞争因素

根据市场的竞争程度,市场结构分为四种不同的类型:完全竞争市场、完全垄断市场、垄断竞争市场和寡头垄断市场。不同类型的市场结构和竞争格局有各自的运行机制和特点,对企业定价决策具有不同的约束力。在完全竞争市场中,企业只能接受市场价格,定价决策的中心问题是在产品价格既定的条件下,依据"边际收入与边际成本相等时,企业的利润最大化"的原则,决定预期实现最大化利润的产销水平。在除完全竞争市场外的非完全竞争市场中,企业定价决策所依据的原则仍然建立在边际收入与边际成本相等的基础上,但同时考虑产品的需求弹性及竞争对手价格等因素。产品竞争的激烈程度不同,对定价的影响也不同。竞争越激烈,对价格的影响也越大。

三、定价决策的基本方法

产品定价决策可以通过许多方法进行,在实际工作中,采用的定价方法有以下四种。

(一) 以需求弹性为基础的定价决策

在现代市场经济条件下,一般商品的价格总是以供需平衡点为基础而上下浮动,这就是市场定价规律。作为市场的供应者,企业在进行定价决策时首先要考虑消费者对价格的接受程度;其次根据市场需求状况与价格弹性,销售收入、成本利润与价格之间的关系,确定能使企业取得最大收入或利润的最优价格。最优价格,既不是水平最高的价格,也不是水平最低的价格,而是能使企业获得最大利润的价格。

弹性概念在经济学中用得很广泛,它是指一个经济函数中因变量对自变量变化的反应程度。具体来说,弹性是自变量变化1%而引起的因变量变化的百分比。用公式表示如下：

$$\text{弹性} = \text{因变量变化的百分比} \div \text{引起这一数量变化的自变量变化的百分比}$$

需求弹性则是说明一个需求函数中因变量对自变量变化的反应程度。在需求函数中，需求量是因变量，而影响需求量的因素是自变量，包括产品价格、消费者收入、相关产品价格和广告费等。所以，需求弹性是指需求量对影响这一数量的某一因素变化的反应程度，或者说影响需求量的某一因素变化1‰而引起的需求量变化的百分比。以下主要介绍需求价格弹性，其计算公式如下：

$$E = \frac{\text{需求量变动的百分比}}{\text{价格变动的百分比}} = \frac{\Delta Q \div Q_0}{\Delta P \div P_0} = \frac{\Delta Q}{\Delta P} \times \frac{P_0}{Q_0}$$

一旦了解某种产品的需求价格弹性，就可以据此进行定价决策了。

【例6-15】 某体育器材公司计划于2×23年实现某体育器材销售36 000套。2×22年该体育器材实现销售18 000套，单位产品售价为800元。假设该体育器材的需求价格弹性为-1.7，则要实现2×23年的销售计划，该公司应将单位产品售价定为多少？

根据题中资料可得如下方程：

$$E = \frac{\Delta Q}{\Delta P} \times \frac{P_0}{Q_0} = \frac{36\ 000 - 18\ 000}{P_0 - 800} \times \frac{800}{18\ 000} = -1.7$$

解方程可得 $P_0 = 329.41$ 元，则该公司应将该体育器材的单位产品售价定为329.41元。

(二) 完全成本加成定价法

完全成本加成定价法是指按照产品的完全成本，加上一定百分比的销售利润作为定价产品销售价格的依据。其计算公式如下：

$$\text{产品单位销售价格} = \text{单位产品的制造成本} \times (1 + \text{加成率})$$

$$\text{加成率} = \frac{\text{投资总额} \times \text{预期投资报酬率} + \text{非制造成本}}{\text{制造成本}} \times 100\%$$

【例6-16】 某厂计划生产并销售某产品，该产品预计单位变动成本如下：直接材料120元，直接人工80元，变动性制造费用60元。此外，固定制造费用140元，变动销售及管理费用40元，固定销售及管理费用20元。预计利润总额按完全成本总额的50%予以加成，计算该产品的单位销售价格。

$$\text{产品单位销售价格} = (120 + 80 + 60 + 140) \times (1 + 50\%) = 600(\text{元})$$

完全成本定价法不仅简便易行，而且可以使全部成本获得补偿，并为企业提供一定的利润。

(三) 变动成本加成定价法

变动成本加成定价法的成本基础是产品单位变动成本，加成基础包含全部固定成本和目标利润。其计算公式如下：

$$产品单位销售价格 = 单位产品的变动成本 \times (1 + 加成率)$$

$$加成率 = \frac{投资总额 \times 预期投资报酬率 + 固定成本}{变动成本} \times 100\%$$

【例 6-17】 承[例 6-16]，预计利润总额按变动成本总额的 100% 予以加成，计算该产品的单位销售价格。

产品单位销售价格 =(120+80+60+40)×(1+100%)=600(元)

（四）利润最大化定价法

利润最大化定价法是在预测产品处于不同价格时所涉及的销售量的前提下，计算各种方案的利润，最终选择利润最大化的定价方法。

在供应规律作用下，当销售价格下降时，销售量会随之增加。我们把价格下降后增加的销售量所增加的收入称为边际收入，相应增加的成本称为边际成本，边际收入减去边际成本的差额称为边际利润。企业要增加销售量就只能降低价格，这时，销售收入在降低初期增长较快，继而逐渐转慢，边际收入呈下降趋势；相应地随着产销量的增加，一些半变动成本乃至固定成本都会逐渐增加，边际成本呈上升趋势，最终边际成本将超过边际收入，使降低价格提高销售量得不偿失。以利润最大化为目标，企业要选择使利润达到最大的价格与销售量的组合，定价原则即选择边际收入等于边际成本、边际利润等于零的价格。

在成本性态分析的相关范围内，定价决策只需要将价格降低、销售增加所引起的收入（边际收入）和增加的变动成本（边际成本）相比，选择使边际收入等于边际成本的价格作为产品的销售价格就可以确保利润的最大化。

四、定价策略

采取某种定价方法制定的价格，是为实现某种定价目标而制定的基本价格，而定价策略则是指在定价方法的基础上，结合具体的市场情况，进一步运用定价技巧，对产品的基本价格加以调整，定价策略有助于企业经营目标与营销战略的实现。常用的定价策略主要有以下几种。

（一）新产品定价策略

1. 撇脂性定价

撇脂性定价法是在新产品试销初期先定出较高的价格，以后随着市场的逐步扩大，再逐步把价格降低。这种策略可以使产品的销售初期获得较高的利润，但是销售初期的暴利往往会引来大量的竞争者，引起后期的竞争异常激烈，高价格很难维持。因此，这是一种短期性的策略，往往适用于产品的生命周期较短的产品。

2. 渗透性定价

渗透性定价法是在新产品试销初期以较低的价格进入市场，以期迅速获得市场份额，等到市场地位已经较为稳固的时候，再逐步提高销售价格。这种策略在试销初期会减少一部分利润，但是它能有效排除其他企业的竞争，以便建立长期的市场地位，所以这是一种长期的市场定价策略。

对于企业来说,撇脂性定价策略和渗透性定价策略何者为优,不能一概而论,需要综合考虑市场需求、竞争、供给、市场潜力、价格弹性、产品特性、企业发展战略等因素才能确定。在定价决策中,企业往往要突破许多理论上的限制,通过对选定的目标市场进行大量调研和科学分析来制定价格。

(二) 心理定价策略

每件产品都能满足消费者某一方面的需求,其价值与消费者的心理感受有着很大的关系。这就为心理定价策略的运用提供了基础,使得企业在定价时可以利用消费者心理因素,有意识地将产品价格定得高些或低些,以满足消费者生理的、心理的、物质的和精神的多方面需求,通过消费者对企业产品的偏爱或忠诚,扩大市场销售,获得最大效益。常用的心理定价策略有整数定价和尾数定价等。

1. 整数定价

整数定价是以整数为商品定价的一种方法。消费者在购物时,尤其是在选购耐用消费品或高档商品时,看重的往往是其质量。对于某些无法明确显示其内在质量的商品,消费者往往通过其价格的高低来判断其质量的好坏。消费者对于"一分钱一分货"的观念根深蒂固,在他们看来,价格越高,说明质量越好,安全保险系数越大。因此,为高档商品或耐用消费品定价时,宜采用整数定价。在整数定价方法下,价格高有时并不是绝对的高,而只是凭借整数价格来给消费者造成高价的印象。整数定价常常以偶数,特别是"0"作尾数。例如,精品店的服装可以定价为2 000元,而不必定为1 998元。这样定价的好处主要包括可以满足购买者炫耀富有、显示地位、崇尚名牌、购买精品的虚荣心;省去了找零钱的麻烦,方便企业和顾客的价格结算;利用产品的高价效应,在消费者心目中树立高档、高价、优质的产品形象。

2. 尾数定价

尾数定价又称零头定价或缺额定价,即给产品定一个零头数结尾的非整数价格。大多数消费者在购买产品时,尤其是购买一般日用消费品时,乐于接受尾数价格,如0.99元、9.98元等。消费者会认为这种价格经过精确计算,购买不会吃亏,从而产生信任感。同时价格虽离整数仅相差几分或几角,但给人一种低一位数的感觉,符合消费者求廉的心理愿望。

课程思政

产品的生命周期包括投入期、成长期、成熟期和衰退期四个阶段。在各个生命阶段,产品都有着不同的特点,对价格的确定也会产生不同的影响。我们的人生也一样,每一个阶段都有不同的使命,都有各自最重要的人生义务需要完成。不管处于任何一个生命阶段,我们都要努力而不功利,刻苦而不痛苦,团结而不勾结,明确自己的义务,认真履行而不敷衍。

任务拓展

一、单项选择题

1. Y企业生产一种产品,该产品的单位变动成本为50元/件,销售量为200万件,固定成本总额为6 000万元,该企业目标成本利润率为50%,如果采用完全成本加成定价法计算,该企业的销售单价应为(　　)元。
   A. 75　　　　　　　　　　B. 80
   C. 100　　　　　　　　　 D. 120

2. 以完全成本加成法定价时,下列有关成本基数和加成数的相关表述中,正确的是(　　)。
   A. 以完全成本加成法定价时,其成本基数包括单位产品的直接材料、直接人工与变动制造费用
   B. 以完全成本加成法定价时,其成本基数包括单位产品的直接材料、直接人工与制造费用
   C. 以完全成本加成法定价时,其加成数为目标利润
   D. 以完全成本加成法定价时,其加成数为单位产品的销售费用、管理费用

3. 下列关于成本加成定价法的说法中,错误的是(　　)。
   A. 成本加成的基础可以是完全成本法下的产品成本,也可以是变动成本
   B. 不同的成本基数,可能得出相同的定价
   C. 成本加成定价要求补偿全部成本,并提供合理利润
   D. 成本加成定价法制定出的产品价格要随着市场和需要的变化而进行调整,定价决策不能简单地仅仅以成本为基础

二、计算题

1. 某企业预计生产A产品20 000件,工厂总成本为900 000元,其中直接材料为560 000元,直接人工为160 000元,其他变动成本为80 000元,固定成本为100 000元,变动成本加成率为50%。

   要求:按变动成本加成定价法确定A产品的价格。

2. A公司在讨论甲产品的销售价格事宜。甲产品产量预计为1 000件,估计成本如下:直接材料60 000元,直接人工50 000元,变动制造费用50 000元,固定制造费用60 000元,变动管理及销售费用30 000元,固定管理及销售费用20 000元。A公司采用完全成本法计算成本,采用50%的成本加成率。

   要求:为甲产品确定合适的销售价格。

项目小结

在短期生产经营决策过程中,要分析决策中相关的信息,并区分各个方案之间的信息差异。典型的短期生产经营决策包括生产决策和定价决策。

生产决策通常包括新产品开发的品种决策、产品生产数量的决策、亏损产品是否停产或转产的决策、半产品或联产品深加工决策、零部件自制或外购的决策以及接受追加订货的决策分析。生产决策的主要分析方法有:本量利分析法、差量分析法、边际贡献分析法和成本无差别点分析法。上述各种方法的评判标准,本质是收益(或利润)最大,成本最低和边际贡献最大是收益(或利润)最大的特殊情况,因为在不存在相关收入或相关收入相同的情况下,成本最低的方案,收益必然最大。在固定成本不变的情况下,可将其视为无关成本。在这种情况下边际贡献大的方案,收益(或利润)必然大。因此,成本最低和边际贡献最大是收益最大的替代价值标准。

在产品的定价决策中,常用的定价方法有:以需求弹性为基础的定价策略、完全成本加成定价法、变动成本加成定价法、利润最大化定价法。采取某种定价方法制定的价格,是为实现某种定价目标而制定的基本价格,而定价策略则是指在定价方法的基础上,企业还应根据不同的环境和市场的特点,选择相应的定价策略。常用的定价策略主要有撇脂性定价策略、渗透性定价策略、整数定价策略以及尾数定价策略等。

项 目 训 练

一、请结合相关资料,回答以下问题

飞客公司是昆山一家生产汽车配件的公司。目前,该公司主要的产品是汽车 GPS 导航,该产品的单位变动成本为 150 元,单位固定成本为 250 元,目前市场价格为 500 元,平均年订单量为 10 万件。该公司尚有闲置的生产能力,管理层正在决策利用这些生产资源开发汽车吸尘器还是汽车氙灯两种产品。生产部和市场部就两种新产品的年产销量、价格进行了预测,结果如表 6-8 所示。

表 6-8 两种产品销售资料　　　　　　　　　　　　　　　　　金额单位:元

项目	汽车吸尘器(件)	汽车氙气灯(件)
年产销量	5 000	1 000
单位价格	200	700

财务部门就两种新产品的单位成本作了预算,结果如表 6-9 所示。

表 6-9 成本资料　　　　　　　　　　　　　　　　　　　　　　单位:元

项目	汽车吸尘器	汽车氙气灯
直接材料	80	200
直接人工	20	200
变动性制造费用	30	40
合计	130	440

1. 在不需要增加任何专属成本的情况下,该公司应选择生产哪种产品?
2. 如果开发汽车吸尘器需要增加专属成本 150 000 元,汽车氙气灯需增加专属成本 30 000 元,应该如何决策?

二、请结合相关资料,分析以下问题

嫩嫩宝贝纸尿裤是知名的纸尿裤品牌,主要由佑森公司来生产经营。目前该公司生产三种类型的纸尿裤:一字形纸尿裤、腰贴纸尿裤、裤子形纸尿裤,其中一字形、腰贴形两种产品是盈利产品,裤子形是亏损产品。它们的销售资料及成本资料如表 6-10 所示。

表 6-10 产品利润表　　　　　　　　　　　　　　　　　　　　单位:元

项目	一字形纸尿裤	腰贴纸尿裤	裤子形纸尿裤	合计
销售收入	60 000	80 000	40 000	180 000
生产成本:				
直接材料	8 000	14 000	9 000	31 000

(续表)

项目	一字形纸尿裤	腰贴纸尿裤	裤子形纸尿裤	合计
直接人工	7 000	8 000	8 000	23 000
变动制造费用	6 000	6 000	7 000	19 000
固定制造费用	10 000	16 000	11 000	37 000
非生产成本：				
变动销售费用	9 000	12 000	6 000	27 000
固定销售费用	6 000	8 000	4 000	18 000
成本合计	46 000	64 000	45 000	155 000
利润	14 000	16 000	−5 000	25 000

1. 如果裤子形纸尿裤停产后生产能力无法转移，作出是否应该停产裤子形纸尿裤的决策分析？

2. 如果裤子形纸尿裤停产后，其生产设备可以出租，预计年租金净收入 18 000 元，那么裤子形纸尿裤是否应停产？

3. 如果裤子形纸尿裤停产后，其生产设备添加 10 000 元改装费，转产腰贴形纸尿裤，预计销售收入是原腰贴形纸尿裤的 80%，变动成本率不变，那么裤子形纸尿裤是否应停产？

三、请结合相关资料，解决以下问题

小羊电动是国内知名的电动车生产商，致力于为全球用户提供更便捷环保的智能城市出行工具。作为锂电两轮电动车企业，小羊电动开创了智能两轮电动车这个新品类。

小羊电动每年从波什公司购入 1 000 台电机。其价格不断上升，去年已经达 1 000 元每台。小羊电动的管理部门要求对自己用设备制造电机的成本作出估计。但是，该公司主要生产的产品是磨具，对生产电机知之甚少。工程部、制造部和会计部为管理部门联合出具了一份报告，其中包括生产 1 000 台电机的成本估价。

制造电机需要雇佣额外的生产工人，但机器设备、厂房以及所需要的监督工作无须增加。制造电机的总成本估计为 1 139.60 元。现时购买价格为 1 000 元，所以该报告建议仍然使用原有的外购产品。

制定的报告过程如表 6-11 所示。

表 6-11　成本费用表　　　　　　　　　　　　　　　　　　单位：元

项目	金额
直接材料	140 000
直接人工	320 000
制造费用	576 000
一般管理费用	103 600
小计	1 139 600

注：

制造费用按直接人工成本进行分配，其中：

(1) 变动制造费用为直接人工成本的100%。

(2) 固定制造费用为直接人工成本的80%。

思考：小羊电动的工程部、制造部以及会计部编制的分析报告是否正确？其对外购电机的建议是否正确？

四、请结合相关资料，判断以下问题

嘉禾(福建)电子科技有限公司(以下简称嘉禾)成立于20×7年，是一家专业生产各类保健按摩类电子产品的企业。

嘉禾每年生产1 000件按摩足浴盆半成品。其单位完全生产成本为18元(其中，单位固定性制造费用为2元)，直接出售的价格为20元。其目前已具备将80%的按摩足浴盆半成品深加工为按摩足浴盆产成品的能力，但每深加工一件按摩足浴盆半成品需要追加5元变动性加工成本。按摩足浴盆产成品的单价为30元，假定按摩足浴盆产成品的废品率为1%。

请根据资料，判断以下决策。

1. 如果深加工能力无法转移，则(　　　)。

   A. 继续深加工　　　　　　B. 不再深加工，直接半成品出售

2. 深加工能力可用于承揽零星加工业务，预计可获得边际贡献4 000元，则(　　　)。

   A. 继续深加工　　　　　　B. 不再深加工，直接半成品出售

3. 如果深加工能力无法转移，假设追加投入4 500元专属成本，可使深加工能力达到100%，并使废品率降低为零，则(　　　)。

   A. 继续深加工　　　　　　B. 不再深加工，直接半成品出售

五、请结合相关资料，分析以下问题

晨晨文具厂生产一种笔芯，年生产能力为100 000支，根据销售预测编制的计划年度利润表如表6-12所示。

表6-12　晨晨文具厂计划年度利润表

项目	单价(元)	总价(元)
销售收入(以年销80 000支计)	10.000	800 000
生产成本	8.125	650 000
其中：原材料	4.025	322 000
加工费	0.975	78 000
生产部门管理费用	3.125	250 000
销售费用	1.500	120 000
其中：门市部销售计件工资	0.500	40 000
门市部管理费用	1.000	80 000
税前利润	0.375	30 000

注：管理费用的80%是固定成本。

年初晨晨公司收到一笔订单，要求订购30 000支该品种的笔芯，但每支出价仅为7.5元，而且必须一次性全部购置，否则不要。这笔业务不会影响该厂在市场上的正常需要量。对于该订单，总经理认为对方出价7.5元大大低于生产和销售成本，而且影响10 000支笔芯的正常销售，可能造成损失，不应接受。生产经理算了一笔账，认为即使减少正常销售10 000支，按7.5元接受30 000支订货，对该厂还是有利的，应该接受。销售经理认为，在保证正常销售的前提下，加班生产10 000支来满足订货，但是要支付加班费每支1.80元，其他费用不变。生产经理反对销售经理的建议，认为加班生产10 000支肯定亏本。销售经理坚持认为这样对该厂有利。他们带着这个问题找会计经理，请他回答以下问题：

1. 总经理的意见对吗？按生产经理的建议，企业的利润是多少？按照销售经理的建议，企业利润是多少？

2. 应该采取哪个方案？

项目七 全面预算管理

学习目标

- **知识目标**

  了解全面预算的含义、管理流程

  理解全面预算体系

  掌握全面预算的编制方法

- **能力目标**

  掌握弹性预算和零基预算的编制方法

  能够熟练运用全面预算的编制方法

- **素质目标**

  具有全面思考问题的能力

  具有分解目标的能力

学习导图

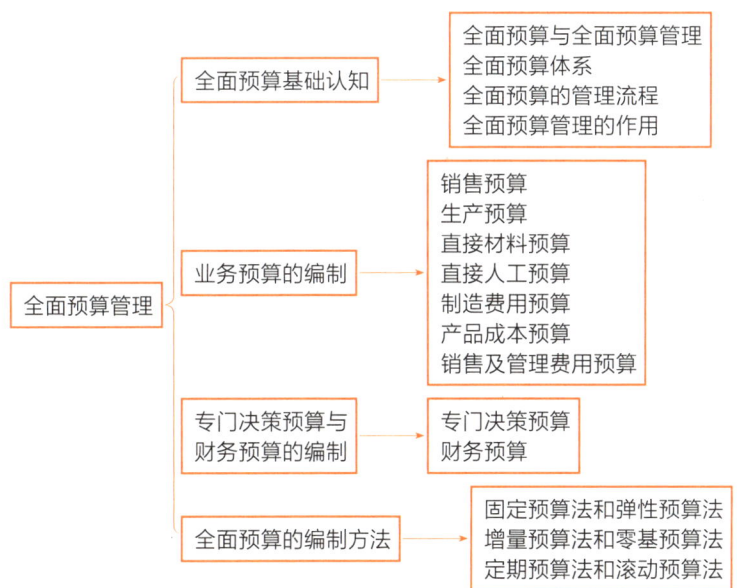

任务一　全面预算基础认知

任务初探

甲公司近些年来一直在积极推进财务系统改革,并建有会计核算中心,实行分公司一级核算管理。2020年,在确立"以企业战略为基础,全面实施预算管理"的新理念的基础上,完善了以成本管理、资金管理、价税管理、资产管理为主要内容的财务管理框架,突出了预算管理在企业中的核心地位,财务工作迈出了由核算型向管理型转变的步伐。甲公司明确持续推进全面预算管理"一条主线",完善投资成本管理和生产成本管理"两项体系",落实一本内控手册,强化生产经营过程的管理,运用 ERP 系统将企业人、财、物、供、产、销等资源充分调配和平衡。这一系列措施和制度确保了公司预算指标的客观公正,易于全员、全方位、全过程推进全面预算管理,解决了过去主要以价值量预算为主线,主要由经营管理人员参与,预算编制与生产运行联系不够紧密,制定的预算目标的价值量与工作量、实物消耗量不匹配,造成经营预算和生产实际不相符,约束力不强,无法在生产过程中全面体现以效益为中心的原则等问题,实现了产量和效益的统一。该公司从2020年9月推行全面预算管理以来,充分领略了全面预算管理的魅力,体会了全面预算管理对于追求产量最大、控制成本、降低费用、提高效益的巨大作用。请问:什么是预算?企业实施预算管理对其有什么意义?

任务启示

全面预算有助于企业资源的整合,强化内部控制、提高管理效率。通过本任务的学习,学生应了解全面预算的含义、全面预算的管理过程,熟悉全面预算体系,明白企业应以市场预测为基础编制销售预算,进而构建整个预算体系;掌握全面预算体系的三个组成部分。

任务重难点

全面预算体系
全面预算的管理流程

任务研习

预算是计划工作的成果。它既是决策的具体化,又是控制生产经营活动的依据。预算在传统上被看作控制支出的工具,但新的观念是将其看成"使企业的资源获得最佳生产

率和获利率的一种方法"。全面预算是企业内部控制的一种重要工具,要在企业中有效推行全面预算,就要对全面预算的含义、重要作用及内容树立正确认知。

一、全面预算与全面预算管理

全面预算,是指企业经营者为了实现未来一定时期的经营目标,以货币为计量单位,对企业所拥有的各种资源,事先进行科学合理的规划、测算和分配,以约束指导企业的经营活动,保证经营目标顺利完成的一系列具体规划。简单来说,全面预算是企业未来一定时期经济活动全部计划的数量说明。

全面预算管理是指将企业制定的发展战略目标层层分解,并下达企业内部各个经济单位,通过一系列的预算、控制、协调、考核建立的一套完整的、科学的数据处理系统。全面预算管理自始至终地将各个经济单位的经营目标同企业的发展战略目标联系起来,对其分工负责的经营活动全过程进行控制和管理,并对其实现的业绩进行考核与评价。

二、全面预算体系

全面预算体系是由一系列预算按其经济内容及相互关系有序排列组成的有机整体。它通常由经营预算(业务预算)、专门决策预算、财务预算三个部分构成。

(一) 经营预算

经营预算也称业务预算,是指与企业日常业务直接相关、具有实质性的基本活动的预算。其主要内容包括销售预算、生产预算、直接材料预算,及采购预算、直接人工预算、制造费用预算、产品成本预算、产成品存货预算、销售与管理费用预算等。

(二) 专门决策预算

专门决策预算主要涉及长期投资,故又称为资本支出预算,是企业为那些在预算期内不经常发生的、一次性经济活动所编制的预算。

(三) 财务预算

财务预算是与企业的现金收支、经营成果和财务状况有关的各项预算,主要包括现金预算、预计资产负债表预算、预计利润表预算等。

企业全面预算是一个完整的体系,各预算前后衔接,相互对应,形成了一个有机的整体,它们之间的相互关系可以用图 7-1 表示。

从图 7-1 可知,企业应根据长期市场预测和生产能力,编制长期销售预算,并以此为基础,确定本年度的销售预算,同时根据企业财力确定专门决策预算。销售预算是年度预算的编制起点,根据"以销定产"的原则确定生产预算,同时确定所需要的销售费用。生产预算的编制,除了考虑计划销售量外,还要考虑期初存货和期末存货。根据生产预算来确定直接材料、直接人工和制造费用预算。产品成本预算和现金预算是有关预算的汇总。利润表预算和资产负债表预算是全部预算的综合。

三、全面预算的管理流程

全面预算的管理流程具体包括预算编制、预算执行、预算调整、预算分析、预算考评等流程。这些流程形成了一个闭环管理体系,如图 7-2 所示。

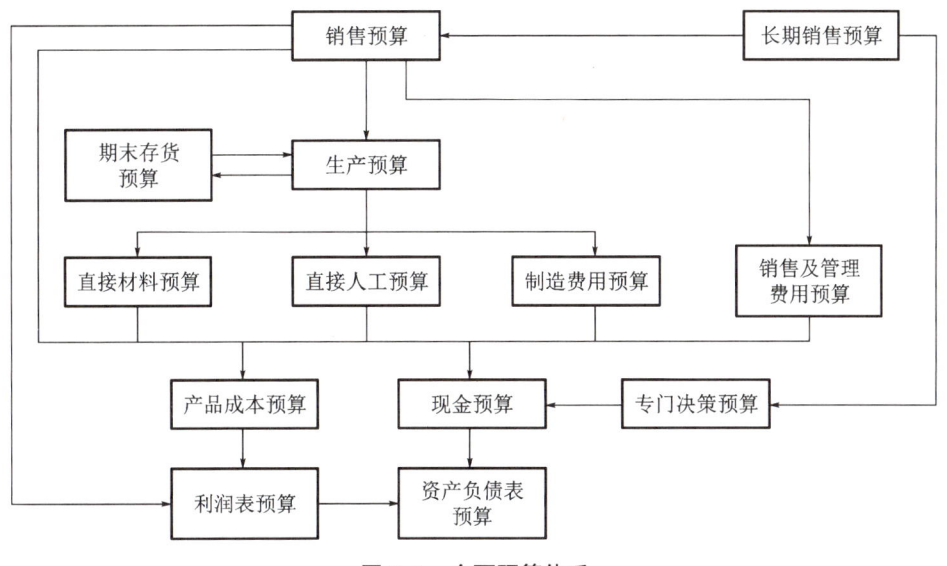

图 7-1 全面预算体系

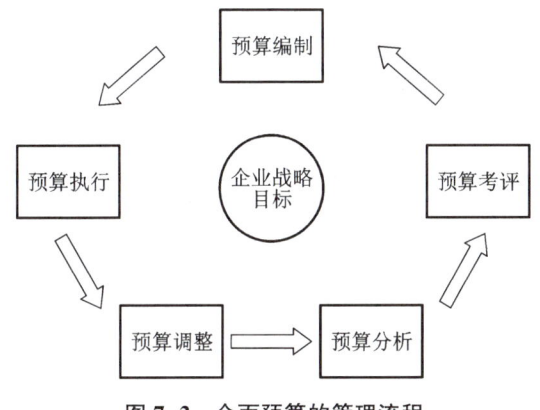

图 7-2 全面预算的管理流程

(一) 预算编制

在环环相扣的全面预算管理流程中,预算编制无疑是整个管理体系的基础和起点。没有经过精心准备的、合理而又明确的预算文件,后续各阶段的工作也就无从开展。一般来说,预算编制的整个过程可描述如下。

(1) 高层管理者提出企业总目标和部门分目标。

(2) 各级责任单位和个人根据一级管理一级的原则制定本单位的预算方案,呈报给各分部门。

(3) 分部门根据其下属单位的预算方案制定本部门的预算草案,呈报给预算委员会。

(4) 预算委员会审查各分部门的预算草案,并进行沟通和综合平衡,拟订整个组织的预算方案。

(5) 预算委员会将整个组织的预算方案反馈到各部门征求意见。经过自下而上、自上而下的多次反馈,形成最终预算,经企业最高决策层审批后成为正式预算,逐级下达各部门执行。

(二) 预算执行

在预算编制完成后、预算执行开始前,还需要进行预算的分解、下达和具体讲解等一系列准备工作,以保证预算的有序执行,保障整个管理体系的良好运转。

预算正式执行后,必须以预算为标准进行严格的控制,如支出性项目必须严格控制在预算之内,收入性项目必须按照预算保质保量地完成,现金流动必须满足企业日常和长期发展的需要。预算控制的内容就是预算编制产生的各级各类预算,如业务预算、专门决策预算和财务预算等。预算执行是整个预算管理工作的核心环节,需要企业各部门和全体人员通力合作来完成。

(三) 预算调整

不同的企业具有不同的预算刚性,但是在不同的环境下僵化地执行一项预算往往会带来灾难。企业的管理层不应将原始预算作为其唯一的经营指导方针,定期地调整预算可以提供更好的经营指南。然而,有的管理者一旦知晓预算会定期调整,就不去认真地编制预算。因此,允许定期调整预算的企业应确保预算调整的门槛设置得足够高,以使员工尽可能有效地工作。同时,在定期调整预算时,企业应保留原始预算的副本以便在预算调整结束后将其同实际结果相比较。

(四) 预算分析

预算分析,实质上是指预算差异分析,即对预算执行中及预算完成后所产生的各种预算与预测的差异、实际与预算的差异及有利与不利的差异等进行分析,并确定差异,分析原因,总结经验教训。在实际工作中,预算差异分析主要是针对实际和预算的差异进行的,其一般步骤如下:

(1) 对比实际业绩和预算目标,找出差异。
(2) 分析差异产生的原因。
(3) 提出恰当的处理措施。

需要指出的是,预算执行过程中的差异分析,可以根据周围环境和相关条件的变化来帮助调控预算,使其顺利地执行;预算完成后的差异分析,可以总结预算的完成情况,帮助评价预算期间工作的好坏,进而为企业评价激励制度是否公平有效提供数据支持。可以说,预算分析贯穿于预算管理的全过程,它既为预算执行明确了工作重点,又为下期进行预测和编制预算提供了依据。

(五) 预算考评

预算考评是指对企业内部各级责任单位和个人的预算执行情况的考核与评价。在企业全面预算管理体系中,预算考评有着重要的作用,具体表现在三个方面:一是督促各级责任单位和个人积极落实预算任务,以检查其执行情况;二是及时提供预算执行情况的相关信息,以便纠正实际与预算的偏差;三是帮助企业管理当局了解企业生产经营情况,进而实现企业总体目标。此外,从整个企业生产经营循环来看,预算考评作为一次全面预算管理循环的总结,积累了丰富的资料和实际经验,为下一次科学、准确地编制企业全面预算奠定了基础。

总体而言,全面预算管理由若干个密切联系的环节组成,任何一个环节的疏漏都会造成管理上的失误,甚至导致企业经营管理失败。因此,企业对全面预算管理的每一个组成部分都要给予足够的关注。

四、全面预算管理的作用

全面预算管理主要发挥以下五个方面的作用。

(一) 有助于现代企业制度的建立

在市场经济条件下,企业出资者、经营者和其他员工之间构成复杂的经济关系。通过预算制约来有效地规范这三方面的关系,正是体现了现代企业制度的内在要求。全面预算管理体现了公司的决策、执行与监督权的适度分离。股东大会和董事会批准预算实际上是对决策权的行使,管理层实施预算方案是对公司决策的执行,内审机构、审计委员会、监事会等则行使监督权,对预算实施进行事中监督和事后分析,这就理顺了决策制定与决策控制的关系。

(二) 有助于企业战略管理的实施

实现企业的战略目标是基于企业的长期战略目标和企业内外环境的分析,对企业下一阶段的各种事业活动制定的初步计划。企业战略是企业的发展方向,全面预算管理是确保企业战略有效实施的最佳手段之一。通过全面预算管理,资源分配将连接长期规划和企业的短期目标。企业可以根据各单位的预算目标和企业的整体战略目标制定资源的综合规划,为实现企业资源的合理分配提供科学的合理依据,优化企业发展目标。在一定程度上,综合性全面预算管理可以被视为特定的、可测量和可执行的计划,它为企业商业计划和战略目标的实现提供了强有力的保证。

(三) 有助于现代财务管理方式的实现

全面预算管理把现金流量、利润、投资收益率等指标作为管理的出发点与归宿,强调价值管理和动态控制,为财务管理目标的实现奠定了坚实的基础。同时,实行全面预算管理,将成本控制和财务预算有机地结合起来,由孤立、单项地从企业内部降低费用支出,转向通过市场化和资源共享的方式降低费用支出,树立了成本控制的新理念。此外,健全的预算制度增强了财务管理的透明度,更好地树立了现代财务管理的形象。

(四) 有助于强化企业内部控制和提高管理效率

在企业实施分权管理的条件下,全面预算管理既保证了企业内部目标的一致性,又有助于完善权力规制管理,强化内部控制。全面预算管理已成为内部控制的重要手段和依据。在全面预算的执行过程中,各部门应当通过计算、比对,及时揭示实际脱离预算的差异并分析其原因,以便采取必要的措施,消除薄弱环节,保证预算目标的顺利完成。编制全面预算的目的是贯彻目标管理的原则,指导和控制业务的执行。例如,日常生产车间领用材料限额、领料单中的限额,可以参考预算中的具体项目来制定。

(五) 有助于企业集团资源的整合

集团公司管理的核心问题是将各二级经营单位及其内部各个层级、各个单位和各位员工联结起来,围绕集团公司的总体目标运作。实行全面预算管理对解决这个难题具有积极意义,可以有效地消除集团公司内部组织机构松散,实现各层级各单位各成员的有机整合。

> **课程思政**
>
> 企业通过全面预算把各方面工作纳入统一的计划之中,加强企业资源的综合利用,进而节约资源,系统性地掌握企业资源的利用效能。通过预算管理对企业资源的协调应用,从而实现企业经营的可持续发展。对于个人而言,也应加强自身的长期发展规划,充分调动自身资源,走可持续发展之路,才更有利于个人目标的实现。

任务拓展

一、单项选择题

1. 在管理会计中，用于概括与企业日常业务直接相关、具有实质性基本活动的一系列预算的概念是（　　）。
   A. 专门决策预算　　　　　　　　B. 业务预算
   C. 财务预算　　　　　　　　　　D. 销售预算

2. 编制全面预算的基础是（　　）。
   A. 直接材料预算　　　　　　　　B. 直接人工预算
   C. 生产预算　　　　　　　　　　D. 销售预算

3. 资本支出预算是（　　）。
   A. 专门决策预算　　　　　　　　B. 业务预算
   C. 财务预算　　　　　　　　　　D. 生产预算

二、多项选择题

1. 财务预算的主要内容包括（　　）。
   A. 现金预算
   B. 预计利润表
   C. 预计资产负债表
   D. 决策预算
   E. 销售预算

2. 下列各项中，属于财务预算的有（　　）。
   A. 资本预算
   B. 销售预算
   C. 现金预算
   D. 利润表预算

3. 编制全面预算的作用包括（　　）。
   A. 明确奋斗目标
   B. 协调各职能部门工作
   C. 控制日常经济活动
   D. 评价企业各方面工作成果的基本尺度
   E. 巩固部门成绩

任务二　业务预算的编制

 任务初探

> E公司是由美国出资，在西安建立的一家为集团其他公司提供服务的服务共享公司，主要为集团的一些高成本区的子公司提供研发、设计等服务。经过多年发展，E公司规模不断扩大，对全面预算管理的运用日渐成熟，但是仍存在许多不完善的地方。E公司总员工600人左右，组织机构简单。总经理下设有负责公司营运的财务、人事、行政、信息部等职能部门以及负责业务的若干业务部门。各部门之间均为平行关系。预算管理与运营体系为：总经理—财务经理—兼职预算员，未设立专门的预算管理和运营机构。各自的分工为：总经理负责审批通过最终的年度预算，并报送集团；负责重大预算内支出以及预算外支出的审批。财务经理负责收集、汇总数据，完成年度预算编制，提交总经理审批，并负责一般预算内支出的审批，对预算执行中的差异进行解释。兼职预算员是由其他3个职能部门（人力资源部、行政部、信息部）的兼职人员组成，负责在预算编制时，向财务提供数据。由于E公司属于集团的服务共享中心，一方面，收入来源完全依赖于其他关联公司，具有不可控性；另一方面，公司的资金由集团通过现金池进行统一管理，不会出现资金短缺或者盈余浪费的情况。所以E公司目前的预算管理，主要集中在费用预算以及资产预算方面，目标是控制管理费用和销售费用，在收入、成本波动不大的情况下，保持期间费用与往期持平甚至是降低。请思考：该公司的预算存在什么问题？业务预算除了费用预算，还包括哪些预算？

 任务启示

全面预算管理是根据企业的经营目标，组织各部门进行职责分工、全员参与的工作机制。它是以销售预算为起点，按照各种预算之间的勾稽关系一步步编制出包括销售预算、生产预算、直接材料预算、直接人工预算、制造费用预算、产品成本预算、销售及管理费用预算在内的全部的业务预算，但是从E公司的预算编制、执行及控制过程来看，管理层对预算管理认识不足，业务部门参与度不高，行政、信息和人力资源部却作为主要的预算编制单位，这会导致预算编制缺乏全局观，不能为业务开展做到合理安排和充分保障。通过本任务的学习，学生应能掌握业务预算的编制，为以后财务预算学习奠定基础。

任务重难点

> 各项业务预算编制的方法

任务研习

业务预算是指反映企业在计划期间日常发生的各种具有实质性的基本活动的预算。它主要包括销售预算、生产预算、直接材料预算、直接人工预算、制造费用预算、产品成本预算、销售及管理费用预算。

一、销售预算

销售预算是整个预算的起点，其他预算的编制都以销售预算为基础。销售预算的内容主要是销售数量、销售单价和销售收入等。其中，销售数量是根据市场预测或销售合同，并结合企业生产能力确定的；销售单价是由市场供求关系决定的。销售预算的计算公式如下：

$$预计销售收入 = 预计销售量 \times 预计销售单价$$

在实际编制销售预算的工作中，产品销售往往不是现金销售，即产生了很大数额的应收账款。所以，在销售预算中，通常还应编制应收账款收入的预算，以反映各期销售额的应收数和实收数，从而为现金预算提供依据。

【例 7-1】 假定万兴公司 2×23 年度 A 产品的销售预算如表 7-1 所示，其中各季度的销售在本季收到现金 60%，还有 40% 在下一季度收到。

表 7-1　万兴公司销售预算　　　　　　　　　　　　　　　单位：元

项目	第一季度	第二季度	第三季度	第四季度	全年
预计销售量（件）	3 600	5 000	6 400	8 000	23 000
预计销售单价	60	60	60	60	60
预计销售收入	216 000	300 000	384 000	480 000	1 380 000
预计现金收入：					
期初应收账款余额	120 000				120 000
第一季度	129 600	86 400			216 000
第二季度		180 000	120 000		300 000
第三季度			230 400	153 600	384 000
第四季度				288 000	288 000
现金收入合计	249 600	266 400	350 400	441 600	1 308 000

本例中，期末应收账款金额为 192 000 元（480 000×40%）。

二、生产预算

生产预算是在销售预算的基础上编制的,其主要内容有销售量、期初和期末产成品存货、生产量。通常,企业的生产和销售不能做到"同步同量",因此必须设置一定的存货以保证能在发生意外需求时按时发货,并可均衡生产,节省赶工的额外开支。预算期间除必须备有充足的产品以供销售外,还应考虑预算期初存货和期末预计存货等因素。产品的生产量与销售量之间的关系,可按下式计算:

$$预计生产量 = 预计销售量 + 预计期末存货 - 期初存货$$

生产预算在实际编制时比较复杂,产量受到生产能力限制,产成品存货数量受到仓库容量限制,只能在此范围内安排产成品存货数量和生产量。此外,有的季度可能销量很大,须用赶工方法增产,为此要多付加班费。如果提前在淡季生产,会因增加存货而多付资金利息。因此,要权衡两者得失,选择成本最低的决策方案编制生产预算。

【例 7-2】 承[例 7-1],假定各季度的期末存货按下一季度销售量的 10% 计算,2×22 年年末存货量为 360 件,预计 2×24 年第一季度销售量为 6 000 件,万兴公司的生产预算如表 7-2 所示。

表 7-2　万兴公司生产预算　　　　　　　　　　　单位:件

摘要	第一季度	第二季度	第三季度	第四季度	全年
预计销售量	3 600	5 000	6 400	8 000	23 000
加:预计期末存货	500	640	800	600	600
合计	4 100	5 640	7 200	8 600	23 600
减:期初存货	360	500	640	800	360
预计生产量	3 740	5 140	6 560	7 800	23 240

三、直接材料预算

直接材料预算是以生产预算为基础的。直接材料预算是在考虑了生产规模和期初、期末存货规模的基础上,确定一定时期直接材料采购量的预算。通过编制计划年度直接材料预算,可以确定计划年度材料的需用量以及相应的材料采购量。同生产预算一样,为了保证生产活动的持续进行,购进的材料一方面需要满足当期的生产需求量,另一方面也应该有一个适当的库存量。由此,直接材料采购量的计算公式如下:

$$预计材料采购量 = 预计材料耗用量 + 预计期末材料库存量 - 期初材料库存量$$

在编制材料采购预算的同时,还必须编制应付货款的支出预算,以反映各季度应付购货款的应付数和实付数,为现金预算提供依据。

【例 7-3】 承[例 7-1],假定万兴公司单位产品的材料消耗额为 2 千克,计划单价为

10元/千克。各季度期末材料库存量按下一季度材料耗用量的20%计算,期初材料库存量为1500千克,年末预计库存量为2000千克。每季度的购货款当季付50%,其余在下一季度付讫。该公司直接材料预算如表7-3所示。

表7-3 万兴公司直接材料预算　　　　　　　　　　　　　　　计量单位:件

摘要	第一季度	第二季度	第三季度	第四季度	全年
预计生产量	3 740	5 140	6 560	7 800	23 240
单位产品消耗定额(千克)	2	2	2	2	2
预计材料消耗量	7 480	10 280	13 120	15 600	46 480
加:期末库存量	2 056	2 624	3 120	2 000	2 000
合计	9 536	12 904	16 240	17 600	48 480
减:期初存货量	1 500	2 056	2 624	3 120	1 500
预计材料采购量	8 036	10 848	13 616	14 480	46 980
单价(元)	10	10	10	10	10
预计材料采购成本(元)	80 360	108 480	136 160	144 800	469 800
预计现金支出:					
上年应付账款余额(元)	30 000				30 000
第一季度采购金额(元)	40 180	40 180			80 360
第二季度采购金额(元)		54 240	54 240		108 480
第三季度采购金额(元)			68 080	68 080	136 160
第四季度采购金额(元)				72 400	72 400
预计现金支出合计(元)	70 180	94 420	122 320	140 480	427 400

四、直接人工预算

直接人工预算也是以生产预算为基础编制的。其主要内容有预计产量、单位产品工时、人工总工时、每小时人工成本和人工总成本。预计产量数据来自生产预算。单位产品人工工时和每小时人工成本数据,按照标准成本法确定。人工总工时和人工总成本是在直接人工预算中计算出来的。人工总成本的计算公式如下:

预计直接人工成本 = 预计生产量×单位产品工时定额×单位小时工资率

【例7-4】 承[例7-1],万兴公司预算期内单位产品工时定额为3小时,单位小时的工资率为5元,直接人工预算如表7-4所示。

表 7-4　万兴公司直接人工预算　　　　　　　　　　　　　　　　　　　　　　　单位：元

摘要	第一季度	第二季度	第三季度	第四季度	全年
预计生产量（件）	3 740	5 140	6 560	7 800	23 240
单位产品工时定额	3	3	3	3	3
预计产品工时定额	11 220	15 420	19 680	23 400	69 720
单位小时工资率	5	5	5	5	5
预计直接人工成本	56 100	77 100	98 400	117 000	348 600

由于人工薪酬一般都只需要用现金支付，不需要另外预计现金支出，直接人工预算可以直接汇总现金预算。

五、制造费用预算

制造费用，是指生产成本中除直接材料、直接人工以外的其他一切费用。在编制预算过程中，间接材料、间接人工等费用基本随产量的变动而呈正比例变动，但另一些费用，如折旧费、管理人员薪金、保险费等则在一定时期内基本稳定。所以，在编制制造费用预算时，须将制造费用中的费用项目按成本性态划分为变动成本和固定成本两大类。

在编制预算时，变动成本根据预计生产总工时和预计变动制造费用分配率计算；固定成本预算按照零基预算的方法确定。另外，在预算表中还要计算以现金支付的费用数额，为现金预算提供资料。

【例 7-5】　承[例 7-1]，万兴公司制造费用预算如表 7-5 所示。

表 7-5　万兴公司制造费用预算　　　　　　　　　　　　　　　　　　　　　　金额单位：元

摘要	第一季度	第二季度	第三季度	第四季度	全年
预计产品工时总数（小时）	11 220	15 420	19 680	23 400	69 720
变动制造费用分配率（元/小时）	2	2	2	2	2
变动制造费用	22 440	30 840	39 360	46 800	139 440
加：固定制造费用	20 000	20 000	20 000	20 000	80 000
制造费用总额	42 440	50 840	59 360	66 800	219 440
减：折旧费	8 000	8 000	8 000	8 000	32 000
预计现金支出数	34 440	42 840	51 360	58 800	187 440

六、产品成本预算

产品成本预算，是销售预算、生产预算、直接材料预算、直接人工预算、制造费用预算的汇总。其主要内容是产品的单位成本和总成本。单位产品成本的有关数据来自直接材料、直接人工、制造费用三个预算。期末存货量来自生产预算。

产品生产成本由直接材料、直接人工、制造费用组成。若采用变动成本计算法，产品生产成本和存货成本应该只包括变动生产费用。

【例 7-6】 承[例 7-1],万兴公司采用变动成本计算法计算利润,则单位生产成本和期末存货预算如表 7-6 所示。

表 7-6　万兴公司产品成本预算　　　　　　　　　　　　　　　　金额单位:元

成本项目	单位耗额(千克/小时)	单位价格	单位成本
直接材料	2	10	20
直接人工	3	5	15
变动制造费用	3	2	6
单位变动生产成本			41
期末存货预算	期末存货数量(生产预算)×单位变动生产成本=600×41=24 600		

七、销售及管理费用预算

销售及管理费用预算,亦称营业费用预算,是指制造业务以外的产品推销以及行政管理费用预算。其主要包括销售人员薪金和佣金、运输费用、广告费、差旅费、办公费、保险费、财产税等。

按变动成本法编制预算时,应将销售及管理费用按其与业务量的关系,划分为变动费用和固定费用两大类。同样的,为了便于编制现金预算,在编制销售和管理费用预算的同时,也要编制现金支出预算表。但由于销售及管理费用中也有一些不需要于当期支付现金的费用,在销售及管理费用的现金支出预算中,也应对该部分给予扣除。

【例 7-7】 承[例 7-1],万兴公司销售及管理费用预算(均以现金支出),如表 7-7 所示。

表 7-7　万兴公司销售及管理费用预算　　　　　　　　　　　　　　　　单位:元

摘要	第一季度	第二季度	第三季度	第四季度	全年
预计销售量(件)	3 600	5 000	6400	8 000	23 000
单位变动销售及管理费用	3	3	3	3	3
变动销售及管理费用	10 800	15 000	19 200	24 000	69 000
固定销售及管理费用	10 000	10 000	10 000	10 000	40 000
销售及管理费用合计	20 800	25 000	29200	34 000	109 000

课程思政

任何事物都不是独立存在的,都是有联系的,所以看问题不仅要全面,还要多建立事物之间的联系,这样才能追本溯源,发现问题的本质和根源。管理会计也不是独立存在的,其与财务会计、财务管理、经济学原理等都是互通的、有联系的。只有拓宽自己的知识面,认识事物才越全面,判断也越准确。

任务拓展

一、单项选择题

1. 编制制造费用预算时,计算现金支出应予以剔除的项目是( )。
   A. 间接材料　　　B. 间接人工　　　C. 管理人员工资　　　D. 折旧费
2. 下列预算中,只反映实物量指标,不反映价值量指标的是( )。
   A. 销售预算　　　B. 生产预算　　　C. 直接材料预算　　　D. 直接人工预算
3. 编制全面预算的基础是( )。
   A. 生产预算　　　　　　　　　　　B. 销售预算
   C. 销售与管理费用预算　　　　　　D. 现金预算
4. 生产预算的主要内容有生产量、期初和期末存货及( )。
   A. 资金量　　　　B. 工时量　　　　C. 购货量　　　　D. 销货量
5. 直接人工预算=( )×单位产品直接人工工时×小时工资率。
   A. 预计生产量　　　　　　　　　　B. 预计工时量
   C. 预计材料消耗量　　　　　　　　D. 预计销售量
6. 预计期初存货50件,期末存货40件,本期销售250件,则本期生产量为( )件。
   A. 250　　　　　B. 240　　　　　C. 260　　　　　D. 230

二、多项选择题

1. 编制生产预算时需要考虑的因素有( )。
   A. 基期生产量　　　　　　　　　　B. 基期销售量
   C. 预算期预计销售量　　　　　　　D. 预算期预计期初存货量
   E. 预算期预计期末存货量
2. 编制直接人工预算时,影响直接人工总成本的因素有( )。
   A. 预计直接人工工资率　　　　　　B. 预计产量
   C. 预计车间辅助人员工资　　　　　D. 预计单位产品直接人工工时
3. 直接材料预算中的现金支出包括( )。
   A. 上期采购的材料由本期支付的现金
   B. 本期采购的材料由本期支付的现金
   C. 上期采购的材料金额中上期未支付的现金
   D. 本期采购材料的总金额
4. 在下列各项中,属于全面预算体系构成内容的有( )。
   A. 经营预算　　　B. 财务预算　　　C. 专门决策预算　　　D. 零基预算
   E. 滚动预算

任务三　专门决策预算与财务预算的编制

任务初探

上海宝钢集团公司（以下简称宝钢）是经国务院批准的国家授权投资机构和国家控股公司。宝钢立足钢铁主业，坚持精品战略，发展拳头产品和著名品牌，在汽车、石油钢管、造船钢板、不锈钢、民用建筑用钢和电磁钢六大类产品上形成大规模、高档次的基地，成为我国钢铁行业新工艺、新技术及新材料开发的重要基地。宝钢一、二期工程全面建成后，为适应计划经济向市场经济的转轨、提升企业市场竞争能力，迫切需要建立与市场经济相适应的经营管理体制。宝钢于1993年开始进行"全面预算管理"这一全新经营管理体制的探索。

宝钢从全面预算推行至今经历了三个阶段：1993—1994年是宝钢预算管理体系的初步形成阶段。宝钢设置了经营预算管理部门，并编制了第一年度预算。1994—2002年为其预算管理的规范完善阶段，这一阶段，其通过完善相关预算管理制度和预算管理技术，推出了月度执行预算，形成了规范的预算管理模式。2002年以后，宝钢预算管理在原有基础上进一步深化发展，以6年经营规划为指导，进行季度滚动预算，以每股盈余作为预算编制的起点，强调资本预算、财务预算管理，预算信息化平台。至此，宝钢形成了以战略目标、经营规划为导向，以年度预算为控制目标，以滚动执行预算为控制手段，覆盖宝钢生产、销售、投资、研发的全面预算管理体系。回顾业务预算的编制，并思考如何编制全面预算？业务预算、专门决策预算以及财务预算之间存在什么关系？

任务启示

企业把业务预算编制完成后，还应编制专门决策预算，用以规划企业的长期投资、缴纳税费、发放股利等不经常发生的或一次性专门开支业务。前述的各种业务预算和专门决策预算最终都要以货币的形式列入财务预算，因此财务预算能够反映企业各种经营业务和专门决策的整体计划。通过本任务的学习，学生应了解专门决策预算、财务预算的含义，掌握两种预算的编制方法，并能理解各个预算之间的衔接关系。

任务重难点

专门决策预算的编制
财务预算的编制

**任务研习**

一、专门决策预算

专门决策预算是指企业为不经常发生的长期投资决策项目或一次性专门业务所编制的预算,它包括资本支出预算和一次性专门业务预算。

(一)筹措资金

若计划期预计长期资金可能有短缺情况,应及时设法筹措资金。筹措资金的方法包括向银行借款、发行股票或债券、出售企业原来拥有的证券等。

(二)资本支出预算

资本支出预算是根据经过审核批准的各长期投资决策项目所编制的预算,其中需详细列出各项目在寿命周期内各个年度的现金流出量和现金流入量的明细资料。

(三)其他财务决策

例如,根据董事会的决定在计划期发放股息、红利,根据税法的规定在计划期缴纳企业所得税等。

为了配合财务预算的编制,便于控制和监督一次性专门业务,企业需要编制预算,但由于专门决策预算具体情况各不相同,可按需要编制。

【例 7-8】 万兴公司专门决策预算如表 7-8 所示。

表 7-8　万兴公司专门决策预算　　　　　　　　　　　　　单位:元

摘要	第一季度	第二季度	第三季度	第四季度	全年
预付所得税	10 000	15 000	20 000	25 000	70 000
支付股利	2 000	2 500	3 000	6 000	13 500
购买设备	40 000				40 000

二、财务预算

财务预算是指企业在计划期内反映有关现金收支、经营成果和财务状况的预算。它主要包括现金预算、预计利润表和预计资产负债表。

(一)现金预算

现金预算主要包含现金收入、现金支出、现金溢余或短缺及资金融通四个方面的内容。

1. 现金收入

现金收入包括计划期期初现金余额和计划期内预计现金收入。其中,计划期期初现金余额一般为已知条件,计划期内预计现金收入主要来源于销售预算。

2. 现金支出

现金支出是指在计划期内付出的全部现金,包括以现金支付的材料采购费用、直接人工费用、制造费用、销售费用、管理费用、固定资产购置费用以及所得税和股利等。其数据来源于前述的各项预算。

3. 现金溢余或短缺

现金溢余或短缺反映现金收入与支出之间的差额。如果现金收入小于支出即发生现金短缺,此时企业需要向银行或其他单位借款以应付现金的需要;如果现金收入大于支出即发生现金溢余,此时企业应考虑如何安排多余的现金,或用于短期投资,或用于归还借款。

4. 资金融通

资金融通是指针对计划期内出现的现金溢余或短缺情况所作的具体资金安排,包括向银行借款,偿还借款及利息,对外进行短期投资,收回投资及利息等。企业提前对资金融通作好安排,一方面能够避免需要用款时因现金短缺而陷入困境;另一方面可以有效利用暂时多余的资金进行投资而获取利益。

现金预算是企业预算的一个重要组成部分。为了对现金收支进行有效的控制,企业应尽可能缩短现金预算的编制期。大多数企业按月或季编制现金预算,有些企业按周甚至按天编制现金预算。其计算公式如下:

$$现金余缺 = 期初现金余额 + 预算期现金收入 - 预算期现金支出$$

【例 7-9】 承[例 7-1],万兴公司预算期内每季度现金的最低库存金额为 30 000 元,假定银行借款利率为 10%,借款利息按季支付。银行的要求是借款必须是 1 000 元的整数倍,企业期初借入款项,季末归还借款,归还借款是 100 元的整数倍,年初现金余额为 4 000 元。其现金预算如表 7-9 所示。

表 7-9 万兴公司现金预算 单位:元

摘要	第一季度	第二季度	第三季度	第四季度	全年
期初余额	4 000	30 805	30 070	55 165	4 000
加:本期现金收入:(销售预算表)	249 600	266 400	350 400	441 600	1 308 000
可用现金合计	253 600	297 205	380 470	496 765	1 312 000
减:本期现金支出					
直接材料(直接材料预算表)	70 180	94 420	122 320	140 480	427 400
直接人工(直接人工预算表)	56 100	77 100	98 400	117 000	348 600
制造费用(制造费用预算表)	34 440	42 840	51 360	58 800	187 440
销售及管理费用(销售及管理费用预算表)	20 800	25 000	29 200	34 000	109 000
购置设备(专门决策预算表)	40 000				40 000
预付所得税(专门决策预算表)	10 000	15 000	20 000	25 000	70 000
预计支付现金股利(专门决策预算表)	2 000	2 500	3 000	6 000	13 500
现金支出合计:	233 520	256 860	324 280	381 280	1 195 940

(续表)

摘要	第一季度	第二季度	第三季度	第四季度	全年
现金溢余或短缺	20 080	40 345	56 190	115 485	116 060
银行借款	11 000				11 000
偿还借款		10 000	1 000		11 000
支付利息(年利率10%)		275	275	25	575
期末余额	30 805	30 070	55 165	115 485	115 485

企业的现金支出除了采购直接材料、支付直接人工、制造费用、销售费用和管理费用，还包括其他方面支付的现金，如上缴所得税、支付股利、支付租入固定资产的租金、短期投资和长期投资的现金支出等。这些现金支出的项目均应该逐项分析预计发生的数额。

(二) 预计利润表

预计利润表反映了企业在预算期内全部经营活动的最终结果。

【例 7-10】 根据上述各表的资料，编制万兴公司的预计利润表，如表 7-10 所示。

表 7-10 万兴公司预计利润表　　　　　　　　　　　　　单位：元

项目	金额
销售收入	1 380 000
变动成本：	
变动制造成本(23 000×41)	943 000
变动销售及管理费用	69 000
边际贡献	368 000
固定成本：	
固定制造成本	80 000
固定销售及管理费用	40 000
营业利润	248 000
利息支出	575
所得税	70 000
净利润	177 425

其中，"销售收入"项目的数据，取自销售收入预算；"变动制造成本"项目的数据，根据单位产品成本及销售量计算；"销售及管理费用"项目的数据，取自销售及管理费用预算；"利息支出"项目的数据，取自现金预算。另外，"所得税"项目是在利润预测时估计的，并已列入现金预算。它通常不是根据利润总额和所得税税率计算出来的，因为有诸多纳税调整的事项存在。此外，从预算编制程序上看，如果根据利润总额和企业所得税税率重新计算所得税，就需要修改"现金预算"，引起借款计划修订，进而改变"利息支出"，最终又要

修改利润总额,从而陷入数据的循环修改。

(三) 预计资产负债表

预计资产负债表是指用于综合反映企业预算期末财务状况的一种财务预算。预计资产负债表是以期初资产负债表为基础,根据销售、生产、专门决策等预算的有关数据加以调整编制的。

编制资产负债表是为了判断企业未来的财务状况是否稳定,是否有足够的资金应付日常的经营和偿还到期债务。

【例7-11】 根据上述各表的资料,编制万兴公司的预计资产负债表,如表7-11所示。

表7-11 万兴公司预计资产负债表　　　　　　　　　　　单位:元

资产			负债及所有者权益		
项目	年初数	年末数	项目	年初数	年末数
流动资产:			流动负债:		
现金	4 000	115 485	应付账款	30 000	72 400
应收账款	120 000	192 000	合计	30 000	72 400
直接材料	15 000	20 000	股东权益:		
库存产成品	14 760	24 600	股本	40 420	40 420
合计	153 760	352 085	留存利润	178 340	342 265
固定资产	95 000	103 000	合计		
资产总计	248 760	455 085	权益总计	248 760	455 085

其中:(1) 年初数根据上一年12月31日资产负债表中的数字。
(2) 现金年末数见现金预算表(表7-9)。
(3) 应收账款年末数见销售预算表(表7-1)。
(4) 直接材料年末数见直接材料预算表(表7-3)。
(5) 库存产成品年末数见生产预算及产品成本预算表(表7-2、表7-6)。
(6) 固定资产年末数=年初数+本期购进固定资产-本期计提折旧。
(7) 应付账款年末数见直接材料预算表(表7-3)。
(8) 留存利润年末数=年初数+本年净利润-本年预计支付现金股利。

课程思政

财务预算是将财务会计中的现金流量表、利润表、资产负债表由过去时转化为将来时,是对企业未来的资金流、经营成果和财务状况作的预判。因此,学习的过程不仅要知新,还要温故,在复习旧知识的基础上才能更好地理解新知识。

任务拓展

一、单项选择题

1. 可以概括了解企业在预算期间盈利能力的预算是（　　）。
   A. 专门决策预算
   B. 现金预算
   C. 预计利润表
   D. 预计资产负债表

2. 甲公司正在编制下一年度的生产预算，期末产成品存货按照下季度销售量的20％安排。预计第一季度和第二季度的销售量分别为500件和800件，第一季度预计生产量是（　　）件。
   A. 240　　　　　　B. 420　　　　　　C. 380　　　　　　D. 560

二、多项选择题

1. 下列各项中，属于专门决策预算的有（　　）。
   A. 经营决策预算
   B. 发放现金股利
   C. 生产预算
   D. 投资决策预算
   E. 销售预算

2. 财务预算的主要内容包括（　　）。
   A. 现金预算
   B. 预计资产负债表
   C. 预计利润表
   D. 投资决策预算
   E. 销售预算

3. 下列各项中，能够为编制预计利润表提供信息来源的有（　　）。
   A. 销售预算
   B. 产品成本预算
   C. 销售及管理费用预算
   D. 制造费用预算
   E. 专门决策预算

任务四　全面预算的编制方法

任务初探

某公司为降低费用开支水平,拟对历年来超支严重的业务招待费、劳动保护费、办公费、广告费、保险费等间接费用项目编制预算。经多次讨论研究,预算编制人员确定上述费用在预算年度开支水平如下:业务招待费 180 000 元、劳动保护费 150 000 元、办公费 100 000 元、广告费 300 000 元、保险费 120 000 元,合计 850 000 元。上述费用中,除业务招待费和广告费以外都不能再压缩了,必须全额保证。预算编制人员根据历史资料对业务招待费和广告费进行成本—效益分析,得到数据如表 7-12 所示。

表 7-12　成本效益分析表　　　　　　　　　　　　　单位:万元

成本项目	成本金额	收益金额
业务招待费	1	4
广告费	1	6

权衡上述各项费用开支的轻重缓急排出层次和顺序。因为劳动保护费、办公费和保险费在预算期必不可少,需要全额得到保证,属于不可避免的约束性固定成本,故应列为第一层次。因为业务招待费和广告费可根据预算期间公司财力情况酌情增减,属于可避免项目;其中:广告费的成本—效益较大,应列为第二层次;业务招待费的成本—效益相对较小,应列为第三层次。假定该公司预算年度对上述各项费用可动用的财力资源只有 700 000 元,根据以上排列的层次和顺序分配资源,最终落实的预算金额如下:确定不可避免项目的预算金额为 370 000 元,确定可分配的资金数额为 330 000 元。按成本—效益比重将可分配的资金数额在业务招待费和广告费之间进行分配,业务招待费可分配资金为 132 000 元,广告费可分配资金为 198 000 元。结合案例思考增量预算的优缺点。

任务启示

增量预算的优点是预算编制方法简便、容易操作;缺点是容易使基层预算单位养成资金使用上"等、靠、要"的思维习惯,滋长预算分配中的平均主义和简单化,不利于调动各部门增收节支的积极性。企业全面预算的构成内容比较复杂,编制预算需要采用适当的方法。常用的预算方法包括固定预算法和弹性预算法、增量预算法和零基预算法、定期预算法和滚动预算法,这些方法广泛应用于营业预算的编制过程。由于不同预算的特点不同,适用的预算编制范围也不尽相同。通过本项目的学习,学生应了解预算编制的原则和编制的一般程序,熟悉不同预算的优缺点及适用范围,掌握弹性预算和零基预算的编制方法。

任务重难点

> 弹性预算的编制方法
> 零基预算的编制方法

任务研习

全面预算的编制方法,主要有固定预算法、弹性预算法、增量预算法、零基预算法、定期预算法、滚动预算法等多种。弹性预算是指以预算期间可能发生的多种业务量水平为基础,分别确定与之相适应的费用数额,而编制的适应多种业务量水平的预算。弹性预算法主要适用于成本预算和利润预算的编制。零基预算是指在编制预算时,对于所有的预算支出均以零为基底,不考虑其以往的情况,一切从实际出发,研究分析每项预算是否有支出的必要和支出数额大小的预算。零基预算一般适用于业务量存在直接对应关系费用的情况。

一、固定预算法和弹性预算法

(一)固定预算法

固定预算法又称静态预算法,是指根据预算期内正常的可能实现的某一业务活动水平而编制的预算。固定预算的基本特征是:不考虑预算期内业务活动水平可能发生的变动,而只按照预期内计划预定的某一共同的活动水平为基础确定相应的数据;将实际结果与按预算期内计划预定的某一共同的活动水平所确定的预算数进行比较分析,并据以进行业绩评价、考核。固定预算方法适宜财务经济活动比较稳定的企业和非营利性组织。企业制订销售计划、成本计划和利润计划等,都可使用固定预算方法制订计划草案。

【例 7-12】 甲公司预计生产某种产品 100 万件。单位产品成本构成为直接材料 100 元,直接人工 60 元。变动性制造费用 50 元,其中间接材料 10 元,间接人工 30 元,动力费 10 元;固定性制造费用 150 万元,其中办公费 40 万元,折旧费 100 万元,租赁费 10 万元。该公司实际生产并销售甲产品 150 万件。采用固定预算法,该公司生产成本预算如表 7-13 所示。

表 7-13 生产成本预算分析表 单位:万元

项目	固定预算	实际发生	差异
生产产量(万件)	100	150	50
变动成本			

(续表)

项目	固定预算	实际发生	差异
直接材料	10 000	15 600	5 600
直接人工	6 000	9 000	3 000
变动性制造费用	5 000	7 500	2 500
其中：间接材料	1 000	1 500	500
间接人工	3 000	4 500	1 500
动力费	1 000	1 500	500
固定性制造费用	150	150	0
其中：办公费	40	40	0
折旧费	100	100	0
租赁费	10	10	0
生产成本合计	21 150	32 250	11 100

从表7-13中可以看出，这里的生产成本预算分别以预计产量和实际产销量为基础，固定预算与实际发生额之间的差异不能恰当地说明企业成本控制的情况如何。也就是说，计算表中的不利差异为11 100万元，是产销量增加而引起成本增加，还是由于成本控制不力而发生超支，很难通过对比固定预算与实际发生正确地反映出来。固定预算及其数据降低了控制、评价生产经营和财务状况的作用。

（二）弹性预算法

弹性预算法又称动态预算法，是在成本性态分析的基础上，依据业务量、成本和利润之间的联动关系，按照预算期内相关的业务量（如生产量、销售量、工时等）水平计算其相应预算项目所消耗资源的预算编制方法。

理论上，该方法适用于编制全面预算中所有与业务量有关的预算，但实务中主要用于编制成本费用及利润预算，尤其是成本费用预算。

编制弹性预算，要选用一个最能代表生产经营活动水平的业务量计量单位。例如，以手工操作为主的车间，就应选用人工工时；制造单一产品或零件的部门，可以选用实物数量等。

弹性预算法所采用的业务量范围，视企业或部门的业务量变化情况而定，务必使实际业务量不至于超出相关的业务量范围。一般来说，可定在正常生产能力的70%～110%，或以历史上最高业务量和最低业务量为其上下限。弹性预算法编制预算的准确性，在很大程度上取决于成本性态分析的可靠性。

与按特定业务量水平编制的固定预算相比，弹性预算有两个显著特点：①弹性预算是按一系列业务量水平编制的，从而扩大了预算的适用范围；②弹性预算是按成本性态分类列示的，在预算执行中可以计算一定实际业务量的预算成本，以便于预算执行的评价和考核。运用弹性预算法编制预算的基本步骤如下：

(1) 选择业务量的计量单位。
(2) 确定适用的业务量范围。
(3) 逐项研究并确定各项成本和业务量之间的数量关系。
(4) 计算各项预算成本,并用一定的方式来表达。

弹性预算法又分为公式法和列表法两种具体方法。

1. 公式法

公式法是运用总成本性态模型,测算预算期的成本费用数额,并编制成本费用预算的方法。根据成本性态,成本与业务量之间的数量关系用公式表示如下:

$$y = a + bx$$

其中,y 表示某项成本预算总额,a 表示该项成本中固定成本预算总额,b 表示该项成本中的单位变动成本预算额,x 表示预计业务量。

【例 7-13】 A 企业经过分析得出某种产品的制造费用与人工工时密切相关,采用公式法编制的制造费用预算如表 7-14 所示。

表 7-14 制造费用预算(公式法) 金额单位:元

业务量范围	420～660(人工工时)	
费用项目	固定费用(元/每月)	变动费用(元/人工工时)
运输费用		0.2
电力费用		1.00
材料费用		0.1
修理费	85	0.85
油料费	108	0.2
折旧费	300	
人工费	100	
合计	593	2.35

注:当业务量超过 600 工时后,修理费中的固定费用将由 85 元上升为 185 元。

本例中,针对制造费用而言,在业务量为 420～600 人工工时的情况下,$y = 593 + 2.35x$;在业务量为 600～660 人工工时的情况下,$y = 693 + 2.35x$。如果业务量为 500 人工工时,则制造费用为 1 768 元(593 + 2.35 × 500);如果业务量为 650 人工工时,则制造费用为 2 220.5 元(693 + 2.35 × 650)。

公式法的优点是便于计算任何业务量的预算成本。但是,阶梯成本和曲线成本只能用数学方法修正为直线,才能应用公式法。必要时,还需在备注中说明适用不同业务量范围的固定费用和单位变动费用。

2. 列表法

列表法是在预计的业务量范围内将业务量分为若干个水平,然后按不同的业务量水平编制预算。

应用列表法编制预算,要先在确定的业务量范围内,划分出若干个不同水平,然后分别计算各项预算值,汇总列入一个预算表。

【例 7-14】 A 企业采用列表法编制制造费用预算,如表 7-15 所示。

表 7-15　制造费用预算(列表法)　　　　　　　　　金额单位:元

业务量(直接人工工时)	420	480	540	600	660
占正常生产能力百分比	70%	80%	90%	100%	110%
变动成本:					
运输费用($b=0.2$)	84	96	108	120	132
电力费用($b=1.0$)	420	480	540	600	660
材料费用($b=0.1$)	42	48	54	60	66
合计	546	624	702	780	858
混合成本:					
修理费用	442	493	544	595	746
油料费用	192	204	216	228	240
合计	634	697	760	823	986
固定成本:					
折旧费用	300	300	300	300	300
人工费用	100	100	100	100	100
合计	400	400	400	400	400
总计	1 580	1 721	1 862	2 003	2 244

列表法的优点是不管实际业务量是多少,不必经过计算即可找到与业务量相近的预算成本,控制成本较为方便;混合成本中的阶梯成本和曲线成本,可按其形态计算填列,不必用数学方法修正为近似的直线成本。但是,运用列表法评价和考核实际成本时,往往需要使用插补法来计算实际业务量的预算成本。

二、增量预算法和零基预算法

编制成本费用预算的方法按其是否以基期水平为基础,分为增量预算法和零基预算法两种。

(一) 增量预算法

增量预算法,是指在上年度预算实际执行情况的基础上,考虑预算期内各种因素的变动,相应增加或减少有关项目的预算数额,以确定未来一定时期内收支的一种预算方法。如果在基期实际数基础上增加一定的比率,则称为增量预算法;反之,若在基期实际数基础上减少一定的比率,则称为减量预算法。

这种方法主要适用于在计划期由于某些采购项目的实现而应相应增加的支出项目。如预算单位计划在预算年度采购或拍卖小汽车,从而引起的相关小汽车维修费、保险费等采购项目支出预算的增减。其优点是编制方法简便、容易操作;缺点是以前期预算的实际执行结果为基础,不可避免地受到既成事实的影响,易使预算中的某些不合理因素得以长期沿袭,因而有一定的局限性。

(二) 零基预算法

零基预算法是指任何预算期的任何预算项目,其费用预算额都以零为起点,按照预算期内应该达到的经营目标,重新考虑每项预算支出的必要性及其规模,从而确定当期预算。零基预算法的编制程序包括以下三个步骤:

(1) 单位内部各有关部门根据单位的总体目标,对每项业务说明其性质和目的,详细列出各项业务所需的开支和费用。

(2) 对每个费用开支项目进行成本效益分析,将其所得与所费进行对比,说明某种费用开支将给企业带来的影响;把各个费用开支项目在权衡轻重缓急的基础上,分成若干层次,排出先后顺序。

(3) 按照第二步所确定的层次顺序,对预算期内可动用的资金进行分配,落实预算。

三、定期预算法和滚动预算法

按预算期的时间特征不同,业务预算的编制方法可分为定期预算法和滚动预算法两类。

(一) 定期预算法

定期预算法是以固定不变的会计期间(如年度、季度、月份)作为预算期间编制预算的方法。采用定期预算法编制预算,保证预算期间与会计期间在时期上配比,有利于比较预算与会计报告的数据,考核和评价预算的执行结果,但不利于前后各个期间的预算衔接,不能适应连续不断的业务活动过程的预算管理。

(二) 滚动预算法

滚动预算法又称连续预算法或永续预算法,是在上期预算完成情况的基础上,调整和编制下期预算,并将预算期间逐期连续向后滚动推移,使预算期间保持一定的时期跨度。

采用滚动预算法编制预算,按照滚动的时间单位不同可分为逐月滚动、逐季滚动和混合滚动三种方式。

1. 逐月滚动方式

逐月滚动方式是指在预算编制过程中,以月份为预算的编制和滚动单位,每个月调整一次预算的方法。

如在2×23年1月至12月的预算执行过程中,需要在1月末根据当月预算的执行情况,修订2月至12月的预算,同时补充下一年2×24年1月份的预算;到2月末可根据当月预算的执行情况,修订3月至2×24年1月的预算,同时补充2×24年2月份的预算;以此类推。逐月滚动预算方式如表7-16所示。

表 7-16　逐月滚动预算方式

2×23 年预算											
1月	2月	3月	4月	5月	6月	7月	8月	9月	10月	11月	12月

2×23 年 1 月过去后,则预算变为:

2×23 年预算											2×24 年
2月	3月	4月	5月	6月	7月	8月	9月	10月	11月	12月	1月

2×23 年 2 月过去后,则预算变为:

2×23 年预算										2×24 年	
3月	4月	5月	6月	7月	8月	9月	10月	11月	12月	1月	2月

按照逐月滚动方式编制的预算比较精确,但工作量较大。

2. 逐季滚动方式

逐季滚动方式是指在预算编制过程中,以季度为预算的编制和滚动单位,每个季度调整一次预算的方法。

逐季滚动编制的预算比逐月滚动的工作量小,但精确度较差。

3. 混合滚动方式

混合滚动方式是指在预算编制过程中,同时以月份和季度作为预算的编制和滚动单位的方法。这种预算方法的理论依据是:人们对未来的了解程度表现为对近期的预计把握较大,对远期的预计把握较小。混合滚动预算方式如表 7-17 所示。

表 7-17　混合滚动预算方式

2×23 年预算					
第一季度			第二季度	第三季度	第四季度
1月	2月	3月	预算总数	预算总数	预算总数

2×23 年第一季度过去后,则预算变为:

2×23 年预算					2×24 年
第二季度			第三季度	第四季度	第一季度
4月	5月	6月	预算总数	预算总数	预算总数

运用滚动预算法编制预算,使预算期间依时间顺序向后滚动,能够保持预算的持续性,有利于考虑未来业务活动。同时,预算随时间的推进不断加以调整和修订,能使预算与实际情况更相适应,有利于充分发挥预算的指导和控制作用。

课程思政

通过学习各种预算方法,理解任何事物都既有优点又有缺点,正所谓"尺有所短,寸有所长"。人生贵在,善于发现自己的弱点和缺点并改之,善于发现别人的优点和长处并学之。

任务拓展

一、单项选择题

1. 以历史期实际经济活动及其预算为基础,结合预算期经济活动及相关影响因素的变动情况,通过调整历史期经济活动项目及金额形成的预算编制方法,称为( )。
   A. 弹性预算法　　B. 零基预算法　　C. 增量预算法　　D. 滚动预算法

2. 根据上期预算执行情况和新的预测结果,调整和补充原有预算方案的预算编制方法是( )。
   A. 弹性预算法　　B. 零基预算法　　C. 增量预算法　　D. 滚动预算法

3. 在预算执行过程中自动延伸,使预算期永远保持在一年,这种预算称为( )。
   A. 弹性预算　　B. 零基预算　　C. 滚动预算　　D. 概率预算

4. 下列项目中,能够克服固定预算方法缺点的是( )。
   A. 固定预算　　B. 弹性预算　　C. 滚动预算　　D. 零基预算

5. 编制零基预算的出发点是( )。
   A. 基期的费用水平　　　　　　　B. 历史上费用的最优水平
   C. 国内外同行业费用水平　　　　D. 零

二、多项选择题

1. 滚动预算的编制按其滚动的时间单位不同可分为( )。
   A. 逐月滚动　　B. 逐季滚动　　C. 混合滚动　　D. 逐年滚动

2. 与增量预算的编制方法相比,零基预算编制方法的优点有( )。
   A. 编制工作量小
   B. 可以重新审视现有业务的合理性
   C. 可以避免前期不合理费用项目的干扰
   D. 可以调动各部门降低费用的积极性

3. 编制预算的具体方法有( )。
   A. 固定预算　　　　　　　　　　B. 弹性预算
   C. 零基预算　　　　　　　　　　D. 概率预算
   E. 滚动预算

4. 下列各项中,属于全面预算体系构成内容的有( )。
   A. 经营预算　　　　　　　　　　B. 财务预算
   C. 专门决策预算　　　　　　　　D. 零基预算
   E. 滚动预算

项目小结

本项目介绍了全面预算的含义、全面预算体系的内容以及全面预算的编制方法。

业务预算又分为销售预算、生产预算、直接材料预算、直接人工预算、制造费用预算、产品成本预算、管理费用预算、销售费用预算等。其中,销售预算是编制全面预算的关键和起点。根据"以销定产"的原则确定生产预算,同时确定所需要的销售费用。生产预算的编制,除了考虑计划销售量,还要考虑期初存货和期末存货。根据生产预算来确定直接材料、直接人工和制造费用预算。产品成本预算是有关预算的汇总。

财务预算又分为现金预算、预计资产负债表、预计利润表等。现金预算的编制,以各项营业预算和专门决策预算为基础,它反映各预算期的收入款项和支出款项,并作对比说明。其目的在于现金不足时筹措现金,现金多余时及时处理现金余额,并且提供现金收支的控制限额,发挥现金管理的作用。利润表预算和资产负债表预算是财务管理的重要工具。财务报表预算的作用与实际的财务报表不同。所有企业都要编报实际的年度财务报表,这是有关法规的强制性规定,其主要目的是向报表信息外部使用者提供财务信息。财务报表预算主要为企业财务管理服务,是控制企业成本费用、调配现金、实现利润目标的重要手段。

全面预算的具体编制方法分为固定预算和弹性预算、增量预算和零基预算、定期预算和滚动预算,这些方法广泛应用于营业活动有关预算的编制。

项目训练

一、请结合相关资料,回答以下问题

上海可可瑞食品有限公司(以下简称可可瑞)——匠心研发及生产适合中国专业市场的高端冰淇淋。其拥有15年专供五星级酒店、大型航司、邮轮、政企单位及连锁餐饮高端料理级冰淇淋的经验,是高端冰淇淋、雪芭等产品专业生产加工的公司,拥有完整、科学的质量管理体系及强大的产品研发生产团队。

可可瑞的经营具有季节性,一般每年的5月至10月为经营旺季,11月至次年4月为淡季,其编制了2×23年5月1日至2×24年4月30日的固定预算,如表7-18所示:

表7-18 预算利润表　　　　　　　　　　　　　　　　　　　单位:万元

项目	旺季(5月至10月)	淡季(11月至次年4月)	合计
销售收入	50	10	60
变动成本	30	5	35
固定成本	6	6	12
营业利润	14	-1	13

根据目前市场情况,销售人员预测其2×23年5月至8月销售收入为30万元,9月至10月的销售收入为15万元,整个淡季的收入为8万元。变动成本率、固定成本与上述固定预算相同。基于此种预测,企业主管人员提出以下两种方案:

甲方案,企业在淡季(当11月至次年4月份)全面停业,将所有客户介绍给其他冷饮业,同时,收取25%的佣金。

乙方案,多花4万元进行促销,并向客户提供优惠,则9~10月的销售收入增加到19万元,11月至次年4月份的销售收入增加到11万元。

1. 根据预测的结果编制弹性利润预算,如表7-19所示。

表7-19 弹性利润预算表　　　　　　　　　　　　　　　　　单位:万元

项目	旺季(5月至8月)	旺季(9月至10月)	淡季(11月至次年4月)	合计
销售收入				
变动成本				
边际贡献				
固定成本				
营业利润				

2. 甲方案下的预算利润表,如表7-20所示。

表 7-20　预算利润表(甲方案)　　　　　　　　　　　　　　　　　单位：万元

项目	旺季(5月至8月)	旺季(9月至10月)	淡季(11月至次年4月)	合计
销售收入				
变动成本				
边际贡献				
固定成本				
营业利润				

3. 乙方案下的预算利润表,如表 7-21 所示。

表 7-21　预算利润表(乙方案)　　　　　　　　　　　　　　　　　单位：万元

项目	旺季(5月至8月)	旺季(9月至10月)	淡季(11月至次年4月)	合计
销售收入				
变动成本				
边际贡献				
固定成本				
营业利润				

4.（多选)对弹性利润预算,甲方案、乙方案的预算利润表评价正确的有(　　)。

(1)弹性预算和固定预算比较,没有进行固定成本的分配,因为固定成本的分配是人为的,对利润没有影响。根据弹性预算可以看出,该企业的企业收入和利润都比原来的固定预算有所下降。其原因是旺季的收入下降了 5 万元,淡季的收入下降了 2 万元,总体上下降了 12% 左右。

(2)甲方案提出企业在淡季(11月至次年4月)全面停业,将所有客户介绍给其他冷饮业,同时,收取 25% 的佣金。表面上看,不发生成本还能取得原来 25% 的收入,利润会比原来好一些。但是,停业后不发生的只是变动成本,固定成本还是照常发生,所以,此方案下的利润比原固定预算减少 5 万元,比弹性预算减少 2 万元。而且,从经营管理角度考虑,将老客户转手送给他人,存在潜在危险。所以,此方案不宜接受。

(3)与甲方案相比,乙方案营业利润大一些,而且也不存在失去客户的潜在危险,比较好,但是仍然比原固定预算的利润低。使用弹性预算方法编制预算突出了边际贡献对企业利润的影响,在变动成本率较低时,任何增加收入的方法都是可以考虑的。

(4)总之,该企业淡季不能停业,应设法增加收入,适当控制成本。同时还要考虑是否存在原固定预算数过高的问题,如存在要进行修改。

二、请结合相关资料,计算以下问题

东海公司只产销一种甲产品,甲产品只消耗乙材料。2×23 年第四季度按定期预算法编制 2×24 年的企业预算,部分预算资料如下：

乙材料 2×24 年年初的预计结存量为 2 000 千克,各季度末乙材料的预计结存量数据如表 7-22 所示。

表 7-22 2×24 年各季度末乙材料预计结存量   单位：千克

季度	第一季度	第二季度	第三季度	第四季度
乙材料	1 000	1 200	1 200	1 300

每季度乙材料的购货款于当季支付 40%，剩余 60% 于下一季度支付；2×24 年年初的预计应付账款余额为 80 000 元。该公司 2×24 年度乙材料的采购预算如表 7-23 所示。

表 7-23 2×24 年乙材料的采购预算   计量单位：千克

项目	第一季度	第二季度	第三季度	第四季度	全年
预计甲产品(件)	3 200	3 200	3 600	4 000	14 000
材料定额单耗(千克/件)	5	＊	＊	＊	＊
预计生产需要量	＊	16 000	＊	＊	70 000
加:期末结存量	＊	＊	＊	＊	＊
预计需要量合计	17 000	(A)	19 200	21 300	(B)
减:期初结存量	＊	1 000	(C)	＊	＊
预计材料采购量	(D)	＊	＊	20 100	(E)
材料计划单价(元/千克)	10	＊	＊	＊	＊
预计采购金额(元)	150 000	162 000	180 000	201 000	693 000

注：表内"材料定额单耗"是指在现有生产技术条件下，生产单位产品所需要的材料数量；全年乙材料计划单价不变；表内"＊"为省略的数字。

1. 确定东海公司乙材料采购预算表中用字母表示的项目数值。

A = 17 200   B = 71 300   C = 1 200
D = 15 000   E = 69 300

2. 计算东海公司第一季度预计采购现金支出和第四季度末预计应付款金额。
3. 计算甲产品的单位直接材料标准成本。
4. 计算东海公司的年末材料库存金额。